Das Khalil Gibran Lesebuch

Wärme
Liebe
Schönheit
und Gesundheit
für das neue
Lebensjahr
wünscht Dir
meine Eva-Marie
Mutti.
1986

Das Khalil Gibran Lesebuch

Ausgewählte Texte und Aufsätze zum Werk

Biographie · Bibliographie · Fotos

Walter-Verlag Olten und Freiburg im Breisgau

Quellenhinweise und Verzeichnis der Übersetzer am Schluß des Bandes

Gesamtherstellung in den grafischen Betrieben
des Walter-Verlags
Printed in Switzerland

ISBN 3-530-26727-9

Inhalt

JOSEPH SHEBAN

KHALIL GIBRAN

JOSEPH SHEBAN

Wie ist das möglich?

Khalil Gibran wurde im Schatten der ‹heiligen Zedern› des Libanon geboren, doch es waren die Wolkenkratzer New Yorks, in deren Schatten er seine späteren Jahre verbrachte. Man hat ihn den großen Mystiker, den Philosophen, den religiösen Menschen, den Ketzer, den Gelassenen, den Aufrührer, den Zeitlosen genannt. Kann man all diese einander widersprechenden Bezeichnungen auf einen Menschen beziehen?

Wie ist es möglich, daß die einen seine Bücher verbrennen, weil sie «gefährlich und umstürzlerisch sind und die Jugend vergiften», während die anderen zur gleichen Zeit über ihn schreiben: «Gibran erreicht bisweilen biblische Sprachgewalt. In seinen Worten finden sich Anklänge an Jesus, an das Alte Testament.»

Eines seiner Bücher, «Der Prophet», steht seit sechzig Jahren auf der internationalen Bestsellerliste; über zwei Millionen Exemplare wurden verkauft, dieses Buch wurde in mehr als zwanzig Sprachen übersetzt.

«Der Prophet» ist Gibrans bestes englischsprachiges Werk, während «Gebrochene Schwingen», sein erster Roman, als sein bestes arabischsprachiges Werk gilt. Es steht noch länger als «Der Prophet» auf der Bestsellerliste.

Gibrans Biographen sind seine Freunde und Bekannten gewesen, und sie waren daher nicht imstande, zwischen Leben und Werk zu trennen. Sie schrieben nur über den

Gibran, den sie aus ihrem persönlichen Umgang kannten. Sie sahen nur seine Schwächen. So haben sie bis heute nicht versucht, einen Grund dafür anzugeben, warum Gibrans Familie nach Amerika auswanderte, welche Auswirkung das auf sein Werk, auf sein umwälzendes Denken, auf seine Mystik hatte.

Gibran begehrte auf gegen Gesetz, Religion und Sitte. Er trat ein für ein friedvolles, rätselhaftes Gemeinwesen. Doch noch immer gebricht es der Welt an Verfahren und Regeln, die den Menschen instand setzen würden, die gegenwärtige Gesellschaftsordnung abzuschaffen und in eine Utopie der Liebe und des zeitlosen Glücks einzuziehen.

Gibran schrieb zweisprachig: Arabisch für den Libanon, für Syrien und die arabische Welt, Englisch für den Westen. Seine Bewunderer haben seine arabischen Werke ins Englische übertragen und seine englischen Werke ins Arabische. Bei diesen Übersetzungen ging es oftmals so zu, als versetze man ein Auto in ein straßenloses Land, als bringe man einem Pferd bei, Schnellstraßen und Autobahnen zu benutzen. Will man als Leser Gibrans Werk verstehen und dem Autor gerecht werden, muß man die ungewöhnliche Umwelt kennen, die den auf zwei Ebenen lebenden und denkenden Autor beeinflußte. So schrieben seine Biographen beispielsweise, er sei aus dem Libanon ausgewiesen worden; doch die libanesische Regierung hat ihn nicht ausgewiesen. Es war vielmehr der türkische Sultan, der den aufrührerischen Gibran und das Eindringen westlicher Ideen fürchtete – Ideen, die den bereits schwelenden Aufruhr gegen die türkische Vorherrschaft im Mittleren Osten weiter gestärkt hätten.

Gibrans Umwelt

Selbst vor der Geburt Gibrans flohen zahlreiche Menschen aus Syrien und dem Libanon; sie ließen sich in Ägypten nieder, in Amerika, andere in Europa. Wer nicht das Glück hatte, zu entkommen oder des Landes verwiesen zu werden, wurde öffentlich gehängt, als abschreckendes Beispiel für jene, die möglicherweise an Widerstand gegen den Sultan dachten.

Bereits im Jahre 1517 hatte die Türkei Syrien erobert, mehr als dreihundertfünfzig Jahre vor der Geburt Gibrans (1883). Doch die Berge des Libanon boten einen allzu sicheren Hinterhalt, als daß die türkische Armee einen Angriff gewagt hätte. Daher besetzten die Türken nur die Küste und das Flachland und beließen die Berge und ihre hartnäckigen Bewohner unter einer autonomen Regierung, die freilich unter Aufsicht eines von den Türken ernannten Stellvertreters stand. Voraussetzung für diese Regierung war, daß sie ihre Steuereinnahmen in die Schatzkammern des Sultans zahlte.

Die Französische Revolution

Eine der Auswirkungen der Französischen Revolution von 1789 bestand in der Vertreibung der Jesuiten aus Frankreich, von denen eine große Anzahl im Libanon Aufnahme fand. Die Christen des Libanon sind in der Mehrzahl Maroniten, Katholiken mit besonderen Privilegien, die sich aus der Frühzeit der Kirche herleiten. So ist beispielsweise der Patriarch, das Oberhaupt der libanesischen Kirche, berechtigt, Bischöfe zu ernennen, eine Vollmacht, die nicht einmal den Kardinälen des Römischen Ritus zusteht. Als Liturgiesprache verwendet die maronitische Kirche Syrisch oder Aramäisch, dieselbe Sprache, die Christus gesprochen hat. Maronitischen Priestern ist es erlaubt, zu heiraten. Gibrans Mutter war die Tochter eines maronitischen Priesters, erzogen im arabischen und im französischen Geist, denn die Jesuiten, die sich im Libanon niedergelassen hatten, errichteten Schulen, in denen sie französische Sprache und europäische Geschichte lehrten, Kulturgüter also, die außerhalb der Reichweite der arabischen Welt lagen, seit die Türken vor dreihundert Jahren die Macht an sich gerissen hatten.

Sultane, schöne Frauen und Steuern

Die Türken waren einst eines der mächtigsten Völker; sie beherrschten die gesamte arabische Welt, Nordafrika und einen Teil Europas. Im Stolz auf seine Militärmacht steckte das Osmanische Reich ein Drittel der Kriegsbeute in das Heer. Der Sultan war Eigentümer des Reiches, so verkündete es das Gesetz. Für gute Dienste oder eine dem Thron erwiesene Gunst pflegte der Herrscher viele seiner Untertanen mit einem Landgut zu beschenken. Diese Praxis belebte und stärkte das Feudalsystem im türkischen Reich. Andererseits vermochten alle Gunstbeweise und Praktiken die arabische Welt nicht zu bewegen, Teil des

Osmanischen Reiches zu werden. Lokale Aufstände und kleinere Rebellionen flackerten immer wieder auf. 1860 führte Youssif Bey Karam, ein Verwandter mütterlicherseits und aus Gibrans Gegend stammend, einen heldenhaften Kampf für die Unabhängigkeit des Libanon. Obwohl es ihm an Truppen und Munition fehlte, schlug er die türkische Armee in mehreren Gefechten, um schließlich doch zu unterliegen.

Im allgemeinen unternahmen die Sultane nichts zur Förderung der Wirtschaft ihres Reiches. Ihre Helfershelfer waren eifrig damit beschäftigt, schöne Mädchen zu suchen und in den Palast zu bringen. Gefiel das Mädchen dem Sultan nicht, wurde es dem Wesir oder einem untergeordneten Beamten überwiesen. Erregte es das Mißfallen seiner Wohltäter, so wurde es mit gefesselten Händen in einen Sack gesteckt und ins Meer geworfen.

Die Steuereinnehmer waren keine von der Regierung regelmäßig besoldeten Beamten. Sie bewarben sich beim Sultan um das Recht, die Steuern in einer bestimmten Provinz einzutreiben. Die Steuerrate betrug zehn Prozent vom Bruttoeinkommen, aber durch Einschüchterung und mit Gewalt erpreßten die Einnehmer weit mehr als zehn Prozent. Hatte ein Bauer seinen Weizen vor Ankunft des Steuereinnehmers geerntet, wurde er beschuldigt, über einen Teil des Weizens verfügt zu haben. Wartete der Bauer aber auf den Steuereinnehmer, so schätzte man die Ernte einfach höher ein, und die Veranschlagung der Steuer erfolgte dann auf Grund dieser höheren Schätzung. Die Steuereinnehmer gingen oft in die Ställe und beschlagnahmten das Vieh, sie drangen in die Häuser ein und pfändeten Matratzen, Kochgeräte und Kleider und verkauften die Beute zur Begleichung der Steuern. Durch diese Praxis entwickelte sich die türkische Steuerrate zur höchsten der Welt, ohne daß dem Steuerzahler dadurch ein einziger Vorteil erstanden wäre.

Der Sultan als Herr seines Reiches besaß auch die volle Kontrolle über die Bodenschätze; doch sie blieben ungehoben, während die Bürger weiterhin in Armut dahinlebten.

Der Suezkanal

Ein französischer Ingenieur, Ferdinand de Lesseps, verliebte sich in ein junges Mädchen, doch es verließ ihn und heiratete Kaiser Napoleon III. Die Kaiserin wollte ihren früheren Geliebten vor dem Zorn des Herrschers schützen und bewegte ihn, Frankreich zu verlassen.

Der heimatlos gewordene de Lesseps ging nach Ägypten, wo er von dem (im Namen des türkischen Sultans regierenden) Vizekönig das Recht erhielt, einen Kanal vom Mittelmeer zum Roten Meer zu bauen. Kanäle hatten bereits die Pharaonen, die Araber und andere Herrscher Ägyptens angelegt, aber diese Schiffahrtswege waren mit der Zeit versandet und unbrauchbar geworden.

Nach vielen turbulenten Jahren, unter Schwierigkeiten und Nöten, die Ägypten an den Rand des Bankrotts brachten, war es schließlich soweit: der Suezkanal konnte endlich eröffnet werden. Der heimatlose de Lesseps, eifrig darauf bedacht, auf seine frühere Geliebte Eindruck zu machen, veranlaßte König Ismael, die gekrönten Häupter und Würdenträger Europas zur Eröffnungsfeierlichkeit einzuladen.

Der Khedive, dem Sinn für Festlichkeiten, Pomp und Phantasie nicht abging, ließ zur Unterbringung seiner Gäste einen neuen Palast errichten; da es an Zeit fehlte, Bäume um das Gebäude heranwachsen zu lassen, wurden unter großem Kostenaufwand ausgewachsene Bäume in den Park des neuen Palastes verpflanzt. Als genüge auch das nicht, befahl er, zur Unterhaltung seiner Gäste eine Oper zu erbauen – die älteste kontinuierlich bespielte Opernbühne der Welt.

Der Vizekönig beauftragte Verdi, einen ägyptischen Text zu vertonen. Diese Oper hieß ‹Aida›.

Der Leser wird fragen, was hat das alles mit Gibrans Leben zu tun?

1869, vierzehn Jahre vor der Geburt Gibrans, gingen Kaiserin Eugenie und ihr gekrönter Gatte Napoleon III. in Port Said an Bord des ersten Schiffes, das den Kanal befuhr; die Wasserstraße wurde offiziell eröffnet. Doch zur gleichen Zeit, da Kaiser, Könige und andere Würdenträger Europas den Klängen der Oper ‹Aida› lauschten, ertönte die Todesfanfare für die Karawanenrouten in Indien, Arabien, Syrien, im Libanon, in der Türkei, ja selbst in Ägypten.

Hunderttausende von Pferde- und Kamelzüchtern, Händlern und Kaufleuten, die mit ihren Waren Handel zwischen dem Fernen Osten und Europa getrieben hatten, verloren ihr Gewerbe. Alle diese Karawanenwege lagen innerhalb des Osmanischen Reiches.

Das war der berühmte Grund, der dem Kamel den Rücken brach. Die arabische Welt hat sich von diesem tödlichen Schlag bis zum heutigen Tage nicht erholt. Die Sultane sahen sich unvermittelt von Aufständen in ihren eigenen Palästen bedroht. Das bankrotte Ägypten unterlag der englischen Armee, die eingegriffen hatte, um die englischen Kanalbau-Investitionen zu schützen. Das Land selbst erzielte nun keinerlei Einkünfte mehr aus dem Kanal, die Wirtschaft ging zugrunde. Der Mittlere Osten wurde zum sinkenden Schiff, seine Passagiere verließen es ohne Schwimmweste.

Jetzt waren es nicht die ärmeren Bevölkerungsteile, die auswanderten, sondern die Intellektuellen; sie begriffen, daß der wirtschaftliche Zusammenbruch eine Folge des Kanalbaus war. Viele von ihnen waren mit den Ideen der Freiheit und der westlichen Welt durch ihre jesuitische Erziehung vertraut und sahen voraus, daß die durch den Kanalbau geschaffenen Bedingungen dauerhaft sein würden; andere begehrten gegen die Steuereinnehmer und die Zwangsherrschaft der türkischen Machthaber auf.

Zahlreiche Syrer und Libanesen wanderten nach Afrika aus und erschlossen das Innere dieses Kontinents für die weißen Siedler. Viele gingen einfach in Beirut an Bord und beendeten ihre große Reise dort, wo die Schiffe anlegten – in Australien, Südamerika, New York oder Boston.

Unter ihnen befand sich auch Gibrans Familie.

Gibrans Geburtsort

Niemand befragt den Menschen nach seiner Geburt, nach seinem Tod, und er wird auch nicht nach seiner ewigen Heimat gefragt. Die Klage über seine Ankunft in dieser Welt beginnt mit dem Geburtsschrei, und sie geht in eine langanhaltende Todesfurcht über.

Gibrans Geburtsschrei ertönte am 6. Dezember 1883 im libanesischen Becharré. Die Stadt liegt auf einem kleinen Plateau am Rand der Klippen des Wadi Qadisha. Heute führt eine befestigte Straße nach Becharré; damals, zu Gibrans Lebzeiten, war es nur ein ausgetretener Pfad, der sich am Stadtrand vorbei in die Berge schlängelte und dann, fast verschwindend, in die Stadt einbog, die aus einer Ansammlung dichtgedrängter Häuser aus marmorweißem Stein mit alten roten Ziegeldächern bestand.

Vor der Erfindung des Hubschraubers und moderner Verkehrsmittel gelang es keiner Armee, keinem Eroberer, in die Stadt einzudringen; sie glich einer Festung ohne Mauern.

Es waren Gibrans Vorfahren, die vor Jahrtausenden die Götter, besonders Baal, erzürnt haben müssen, denn in Gewittern, Stürmen und Getöse wurde der Meeresboden hochgeschleudert, und so entstand jene Gebirgskette, die sich von Europa bis zum Roten Meer erstreckt. Im Museum von Beirut befindet sich ein Felsstück mit einem eingeschlossenen Fisch, dessen Alter acht oder zehn Millionen Jahre beträgt. Diesen Fisch fand man in den Bergen, unweit von Becharré. Die Götter hinterließen steile Klippen und tiefe Schluchten, die tiefste ist der Wadi Qadisha, was soviel wie ‹heiliges› oder ‹geweihtes Tal› bedeutet. Es erstreckt sich von der Küste bis nahezu zum Gipfel. Gibran wird wie jeder heutige Tourist staunend die Kraft bewundert haben, die die Felsenschicht himmelaufragend auf die Seite kippte und aus dem Meeresboden ein Band sich meilenweit erstreckender Berge schuf.

Barbara Young, eine Vertraute und Biographin Gibrans, schrieb: «Wenn man den Wadi Qadisha aufsucht, verläßt man die moderne Welt und taucht mit Körper und Seele in eine Atmosphäre, die ebenso archaisch wie zeitlos ist. Es handelt sich um eine Schönheit von wilder, ungezügelter Kraft; sie besitzt eine Macht, die den Geist zwingt, über jene Worte nachzudenken, die wir für die Ewigkeit besitzen.»

Diese Berge des Libanon waren seit Jahrhunderten mit Zedern bedeckt, Bäumen, die in der Bibel mehr als einhundertmal erwähnt werden. Sie heißen die ‹Zedern Gottes› und die ‹Zedern im Paradies Gottes›. Heute heißt dieser Wald in der Nähe von Gibrans Heimatstadt der ‹Wald der heiligen Zedern›. Würde man die Schutzherrschaft über diesen Wald auf die nächste größere Stadt übertragen, so käme sie Becharré zu. Und da Gibrans Großvater Priester gewesen ist, besäße seine Familie als erste Anspruch auf die ‹Zedern Gottes›. Gibrans Vorfahren, die Phönizier, zelebrierten ihre religiösen Riten nämlich unter diesen Bäumen.

Die ältesten überlieferten Legenden, wie die von Gilgamesch, von Ester und Tammus, spielen im Zedernwald. Auch Gibran erging sich unter diesen Zedern, schlief und meditierte in ihrem Schatten. Er las von den alten Göttern, von der Geschichte dieses Baumes und wie das Zedernholz zum Bau der Paläste in Assyrien und Babylon und zum Bau der Tempel in Jerusalem sowie für die Särge der Pharaonen verwendet wurde. Zedernholz verlieh den phönizischen Schiffen zusätzliche Stabilität, Elastizität und Widerstandskraft.

Als Gibran im Schatten der New Yorker Wolkenkratzer lebte, hat er weder die Zedern im ‹Paradies Gottes› noch die Götter, die in diesem Paradies spielten und webten, vergessen. All das spiegelte sich in seiner Seele, in seinem Werk. In einem Brief an einen Cousin schrieb Gibran: «Alles, was man als Kind geliebt hat, bleibt bis ins hohe Alter hinein unverlierbar in der Domäne des Herzens erhalten. Es ist das Schönste in unserem Leben, daß unsere Seelen gleichsam schwebend über jenen Orten verweilen, an denen wir einstmals glücklich waren. Ich für meinen Teil gehöre zu denen, die sich jener Orte erinnern, gleichgültig, wie weit sie auch in Raum und Zeit entfernt sein mögen.» In seinem Werk «Jesus Menschensohn» hat Gibran im Kapitel «Die Frau aus Byblos» geschrieben:

Stimmt ein in meine Tränen, ihr Töchter der Astarte,
ihr Diener des Gottes Tammus.
Laßt schmelzen euer Herz, laßt euer Auge blutige Tränen
weinen,
Er, der aus Gold und Elfenbein, er lebt nicht mehr.
Der Eber dunkler Forste hat ihn angefallen,
Des Tieres Hauer haben ihn durchbohrt.
Da liegt er, vom Vorjahrslaub überschattet,
Es weckt sein Schritt nicht mehr
Den Samen in des Fühlings Herz.

Nicht länger hör ich seine Stimme, wenn es tagt, am
    Fenster –
Für immer bin ich nun verwaist.

Stimmt ein in meine Tränen, ihr Töchter der Astarte,
    ihr Diener des Gottes Tammus,
Mein Geliebter hat mich verlassen,
Er, dessen Zunge wie der Laut der Ströme,
Dessen Stimme der Zeit verschwistert ist,
Auf dessen Lippen der Schmerz zu süßem Lächeln wurde,
In dessen Mund Galle sich wandelte zu Honig.

Stimmt ein in meine Tränen, ihr Töchter der Astarte,
    ihr Diener des Gottes Tammus.
Weint mit mir an seiner Bahre, so wie die Sterne weinen,
So wie des Mondes Blütenkelch auf seinen Leichnam
    sinkt.
Mit euren Tränen netzt die Seide meines Lagers,
Dasselbe ist es, auf dem er in meinen Träumen lag,
Von dem er schied, als ich erwachte.

Ich bitte euch, ihr Töchter der Astarte,
    Verehrer des Gottes Tammus,
Entblößt eure Brust, weint und tröstet mich:
Jesus von Nazareth ist tot.

Byblos gehörte zwar nicht zu den großen phönizischen Städten, aber war das religiöse Zentrum. Man hat das Alte Testament das ‹Buch von Byblos› genannt. Das göttliche Oberhaupt dieser Stadt hieß El, der Göttervater. El ist der Name des in der Bibel oft erwähnten Gottes Elohim, arabisch Elah. Die erste alphabetische Schrift wurde in Byblos entdeckt. Als Gibran in Beirut die Schule besuchte, mußte er, jedesmal wenn er nach Hause zurückkehrte, durch die Städte Byblos und Tripoli gekommen sein. Byblos liegt an der Küste, nördlich von Beirut, und zu Pferd ist es eine Tagesreise von Becharré entfernt.

Gibrans geographische und historische Kenntnisse waren nicht auf seine Heimatstadt oder auf den Schulweg begrenzt. Seine Beschreibung von Orten, Ereignissen, Sitten und der Geschichte des Mittleren Ostens beweist, daß er unmittelbare Kenntnisse darüber besaß. Gibran war zwölf Jahre alt, als er in den Vereinigten Staaten ankam. Nach einem zweijährigen Schulbesuch in Boston treffen wir ihn wieder im Libanon an, wo er seine Schulbildung abschloß. Im Sommer unternahm er mit seinem Vater Reisen, die ihn durch den ganzen Libanon, Syrien und Palästina führten. Nach einem vierjährigen Studium des Arabischen und Französischen reiste er nach Griechenland, Rom, Spanien und dann nach Paris, um dort sein Studium fortzuführen. Nach einem zweijährigen Parisaufenthalt kehrte Gibran nach Boston zurück.

Unter den Orten, die er aufgesucht hatte, befinden sich Nazareth, Bethlehem, Jerusalem, Tyrus (Sidon), Tripoli, Baalbek, Damaskus, Aleppo und Palmyra. Diese Ortsnamen bezeichnen zwar nur kleine Punkte auf der Landkarte, doch im Denken und im Werk Khalil Gibrans haben sie tiefe Spuren hinterlassen.» Ihre Wirkung spiegelt sich in seiner Seele, in jedem Wort auf seiner Feder wider. Es besteht Grund anzunehmen, daß der Dichter, als seine Füße die Steine von Nazareth berührten, den Entschluß faßte, «Jesus Menschensohn» zu schreiben.

Baalbek ist eines der Weltwunder. Ehrfürchtig und gesenkten Hauptes steht man unter den verstreuten Steinen und Säulen und bestaunt die handwerklichen Fähigkeiten, die innere Kraft und Hingabe ihrer Erbauer. Baalbek wurde auf der Ostseite eines der Hauptgipfel der Bergkette errichtet, die das Mittelmeer begrenzt. Auf der Westseite befindet sich ein Zedernwald, und Gibrans Elternhaus liegt in unmittelbarer Nähe.

Baalbek bildete einst das älteste und größte religiöse Zentrum des weißen Mannes. Die ägyptischen Pharaonen ließen Zedernholzboote neben ihre Särge stellen, um am Tag der Wiederauferstehung nach Baalbek fahren zu können. Dem Gott Baal begegnet man an allen geweihten Orten des weißen Mannes, von Babylon bis zur Ostsee. Seine Gegenspieler waren Jehovah und dessen Mutter Estar. Baal brachte den lebenspendenden Regen, doch er ist auch der Gott der Leidenschaft. Er schuf in seinem Zorn Stürme, Blitze und Erdbeben. Wie hätte Gibran diesen Gott jemals vergessen können, den im Götterzorn geschaffenen Wadi Qadisha täglich vor Augen? Und wer könnte daran zweifeln, daß der göttliche Funke für sein Buch «Die Götter der Erde» nicht hier, auf den Felsen von Becharré und in den Ruinen von Baalbek, übergesprungen sei? Baalbek ist in diesem Werk der Schauplatz für zahlreiche Meditationen über Religion und Mystik.

Damaskus, die älteste ständig bewohnte Stadt der Welt, war die Hauptstadt des Islam zu dessen Blütezeit. Zur gleichen Zeit, da in Europa finsteres Mittelalter herrschte, den des Lesens und Schreibens unkundigen europäischen Herrschern Zahlen und Wissenschaft als Teufelswerk galten, versammelte die Omaijaden-Dynastie in Damaskus Gelehrte aus allen vier Winden des Reiches, eines Herrschaftsgebietes, das sich von Spanien bis nach Indien erstreckte. Diese Gelehrten übertrugen die Werke persischer, griechischer und römischer Autoren und fügten Kommentare hinzu. Die Ergebnisse dieser Bemühungen wurden nach den Kreuzzügen in die modernen Sprachen übertragen. Mit anderen Worten: die Werke der Griechen sind auf dem Umweg über das Arabische ins Englische übersetzt worden.

Gibran muß auf den Straßen und in den Moscheen von Damaskus der Mangel an Bildnissen der großen arabischen Führer aufgefallen sein. Diese Tatsache erklärt sich aus dem islamischen Bilderverbot. Bereits vor seinem sechzehnten Lebensjahr studierte Gibran die Werke arabischer Philosophen, und in der Absicht, den Schriftzeichen etwas Gleichwertiges an die Seite zu stellen, schuf er eine Reihe Radierungen dieser Männer und Frauen.

Tyrus und Sidon liegen in der Nähe von Gibrans Heimatstadt. Sie waren bereits in der Frühzeit wichtige phönizische Städte; von ihnen aus breiteten sich Handel und Kultur über die gesamte damals bekannte Welt aus. Diese Menschen kolonisierten Griechenland, gründeten Rom; sie besiedelten Nordafrika und arbeiteten in Karthago das System einer verfassungsmäßigen Regierung aus (eigentlich stammt dieses System aus Tripoli, der Stadt an der Straße zwischen Becharré und Beirut). Von da aus gelangte es nach Karthago, und später übernahmen es die Nordamerikaner, als sie ihre Verfassung schufen. Gibran lebte also unter diesem System, als er in den USA seine Bücher für arabisch- und englischsprachige Leser schrieb. Dieses kleine Fleckchen Erde, der Geburtsort Gibrans, ist der Geburtsort der westlichen Zivilisation und der verfassungsmäßigen Regierungsform; und Gibran gehört zu ihren gesegneten Söhnen – ein Geschenk an die Vereinigten Staaten von Amerika.

Ein Wort der Vorsicht – Libanon oder Syrien?

Gibran gilt gemeinhin als Libanese, doch er sagt «Syrien, mein Land». Dieser Widerspruch ist für jeden, der über den Mittleren Osten schreibt, ein Ärgernis erregendes Problem.

Als eine Art Richtschnur bieten wir folgende Gesichtspunkte an.

Wenn ein Fluß Schwemmboden ins Meer trägt, wird neues Land geschaffen, und es entstehen neue Städte; in dem Fall ist eine Stadt älter als die andere. Im Mittleren Osten wurde der Meeresboden durch eine Erdbewegung angehoben, versteinerte Fische gelangten auf Bergesgipfel. Die gesamte Landfläche östlich des Mittelmeeres entstand also gleichzeitig, kein Teil ist älter als der andere.

Der Mensch durchstreifte den Mittleren Osten und Nordafrika als Jäger hunderttausend, wenn nicht Millionen Jahre lang. In dieser Zeit gab es keine politischen Trennungslinien, und man brauchte keinen Paß, um zu reisen. Europa lag bis vor fünfundzwanzigtausend Jahren unter einer Schneedecke. Es war daher für menschliche Besiedlung nicht geeignet. Nur ein paar geschickte Wilde lebten in Höhlen, bis die Gletscher zurückgingen. Danach vertauschten die Menschen ihre Höhlen mit einer ‹sur› oder Einzäunung und wurden zu Städtebewohnern. Diese ‹sur› wurde zum Namen einer Stadt an der Küste; dem Westen ist sie als Tyrus bekannt. Die Stadt Sur (Tyrus) mit ihrer Göttin Suria, die heute noch in Indien verehrt wird, gab dem ganzen Gebiet östlich des Mittelmeeres den Namen. So wie Sur zu Tyrus latinisiert wurde, verwandelte sich Suria in das lateinische Syria; die Berge des Libanon gehören dazu...

Die Städtebewohner entwickelten eine Philosophie von der Existenz der Seele, ihrer Unsterblichkeit und Wiederauferstehung unter der Voraussetzung, daß die Seele Hilfe oder Anleitung brauche, um das Paradies (den Himmel) zu erreichen. Dieser Gedanke wurde vom heiligen Augustinus aufgegriffen. Die Bewohner von Tyrus bereisten mit ihrer Philosophie Ägypten, Babylonien, Nordafrika und Europa; sie eroberten sich die Meere, gründeten Niederlassungen und die Hauptstädte Europas, so auch London. Mit einem Spottnamen nannte man sie die ‹Phönizier› oder ‹die an die Unsterblichkeit Glaubenden›.

Als der Mensch noch in Höhlen wohnte, kam er auf den Gedanken, die wilden Tiere in Gruppen zu bekämpfen; als er in der Stadt wohnte, bekämpften sich die Gruppen gegenseitig.

Die Höhlenbewohner hatten sich zusammengetan, um Höhlen oder Brunnen zu schützen; die Suri oder Städtebewohner bauten Umzäunungen, um die Städte zu schützen, und sie stellten eine Armee auf, um das Land zu verteidigen. Selbst heutzutage unterhält jedes Land eine Armee.

Was hat das alles mit der Nationalität Gibrans zu tun?

Es betrifft uns auf folgende Weise. Kriege lassen neue Grenzen, neue Regierungsformen, neue Philosophien entstehen. So kam es, daß die verwaltungsmäßige Aufteilung von Gibrans Heimat während der römischen Zeit sehr schwankte. Der römische Kaiser Hadrian teilte sie in drei

Provinzen: Syria, Syria-Phoenicia und Syria-Palaestina. Gibran wurde in Syria-Phoenicia geboren, Christus in Syria-Palaestina.

Ein Historiker hat in einem Buch über die Geburt Christi geschrieben: «Es sah nicht so aus, als ob da einer, geboren in der Vergessenheit eines syrischen Dorfes, imstande sein würde, ein neues Datum der Geschichte zu schaffen und den religiösen Glauben der Menschheit zu verändern.»

Auf die Römer folgten die Araber, auf die Araber die Türken, auf die Türken die Franzosen und Engländer. Keine dieser Erobererarmeen griff je die Berge an, denn sie waren zu gefährlich, zu undurchdringlich und lohnten den Aufwand nicht. Diese Berge glichen einer belagerten Stadt; die Heere belagerten stets die Ebenen im Osten und die Städte an der Küste. Nach einer gewissen Zeit pflegten die Gebirgsbewohner von den Bergen herunter zu kommen und mit den Eindringlingen Handel zu treiben, wobei sie sich stets bestimmte Rechte und Privilegien sicherten.

Als die Araber jenen Weltteil von Indien bis nach Spanien eroberten und zum Islam bekehrten, vermochten die Gebirgsbewohner, Gibrans Ahnen, ihre christliche Religion zu bewahren, eine winzige Insel des Christentums im Ozean des Islam.

Als die Türken das Land überfluteten, teilten sie Syrien in Bezirke (Wilayah) auf und ernannten für jeden einen Pascha. Die Bevölkerung weigerte sich jedoch, sich während der vierhundertjährigen Türkenherrschaft zu assimilieren. Aus diesem Grund blieb Gibrans Heimat die Achillesferse des Osmanischen Reiches; die zahlreichen Erhebungen wurden wechselweise von diesem oder jenem europäischen Land unterstützt, bis 1860 ein Bürgerkrieg ausbrach. England schickte seine Flotte, und Frankreich schiffte auf libanesischem Boden eine Armee von sechstausend Mann aus. Nach der Landung dieser Truppen traf ein Sonderkomitee aus diplomatischen Vertretern Englands, Frankreichs, Rußlands und Österreichs mit dem türkischen Premierminister zusammen. Das Ergebnis dieser Verhandlungen: der Libanon erhielt eine interne Autonomie, die von den europäischen Mächten garantiert wurde. Der Sultan sollte eine christliche Regierung für den Libanon ernennen, und die europäischen Mächte hatten diese Ernennung zu billigen. Zu dem autonomen Gebiet gehörten weder die Ebene von Bekaa im Osten noch die Küstenstädte, ja nicht einmal Beirut, die heutige Hauptstadt des Libanon.

Darum galten die Einwohner, die von den Ostküsten des Mittelmeeres nach Amerika kamen, als Syrer, gleichgültig ob sie aus Damaskus oder den Bergen mit den Zedernwäldern kamen.

Nach dem Ersten Weltkrieg wurden die Türken verdrängt. Frankreich erhielt vom Völkerbund ein Mandat über Syrien und den Libanon, während England Palästina übernahm. Selbst danach galt, wer nach Amerika auswanderte, noch immer als Syrer.

Während des Zweiten Weltkriegs erlangten der Libanon und Syrien die Unabhängigkeit. Sie warfen das französische Mandat ab und wurden selbständige Länder mit voller Vertretung bei den Vereinten Nationen.

Darum bezeichnet Gibran mit seinem Buchtitel «Meine Landsleute, die Syrer», sowohl die Syrer als auch die Libanesen.

Gibrans dualistische Persönlichkeit

Der Mensch ist das Produkt seiner Umgebung. Als Gibran geboren wurde, herrschten im Mittleren Osten schlechte wirtschaftliche Verhältnisse, die politischen Verhältnisse waren noch schlechter. Seit Jahren hatte die Türkei Kriege geführt, die sie stets verlor; die Grenzen des Reichs schrumpften zusammen. Nach innen wurde das Regime unterdessen immer tyrannischer. In allen Teilen des Reiches waren die Minderheiten Erniedrigungen und Verfolgungen ausgesetzt. Zwar stimmt es, daß die Libanesen vom Militärdienst ausgenommen waren (eine Folge der 1860 unter europäischem Druck gewährten Autonomie), doch es stimmt auch, daß zahlreiche Familien aus den Städten in die Berge zogen, um dem gefürchteten Militärdienst zu entgehen. Viele moslemische Familien wechselten zum Christentum über.

Ein dichtes Netz von Geheimgesellschaften, die auf die Befreiung vom türkischen Joch hinarbeiteten, überzog die gesamte arabische Welt. Die türkische Regierung traute niemandem mehr; systematisch entließ sie alle Nichttürken aus Regierungsämtern und ersetzte sie durch Türken, selbst Richter wurden ihres hohen Amtes enthoben. Diese Geheimgesellschaften wagten es sogar, Vertreter zu einer in Paris abgehaltenen arabischen Konferenz zu entsenden. Auch Syrer und Libanesen aus Amerika waren auf dieser Konferenz anwesend und forderten Reformen. Mehrere ihrer Anführer bezahlten ihre Tätigkeit mit dem Leben. Sie wurden zur Einschüchterung auf öffentlichen Plätzen gehängt.

Gibran, der sich in dieser Zeit in den Vereinigten Staaten aufhielt und damit außer Reichweite des Henkers war, rief seine Landsleute zum Widerstand auf. Er schrieb Artikel für arabische Zeitungen, in denen er die Worte ‹meine Landsleute› verwendete. Als man diese Artikel ohne jede weitere Erklärung ins Englische übersetzte, entstand der Eindruck, Gibran rufe die Bewohner seiner Wahlheimat Amerika zum Widerstand auf. Es schien ein Widerspruch vorzuliegen, ein Hinweis auf Gibrans dualistische Persönlichkeit: mit arabischen Worten rief er nach Waffen, mit englischen Worten forderte er Ruhe und Frieden.

Ein Beispiel dafür ist folgendes Gedicht:

Meine Landsleute

Was verlangt ihr von mir, meine Landsleute?
Wollt ihr, daß ich euch betrügerisch große Wortpaläste,
traumgewölbte Tempel errichte?
Oder wollt ihr lieber, daß ich das Werk von Lügnern und
Feiglingen zerstöre, den Bau von Heuchlern und
Tyrannen zertrete?
Was verlangt ihr von mir, meine Landsleute?

Soll ich, euch zu Gefallen, wie eine Taube gurren,
oder soll ich, mir es recht zu tun, wie ein Löwe brüllen?
Ich habe für euch gesungen, doch ihr habt nicht getanzt;
Ich habe gewehklagt, doch ihr habt nicht geweint.

Wollt ihr, daß ich gleichzeitig singe und wehklage?
Eure Seelen sind hungrig, und das Brot des Wissens ist reichhaltiger als die Steine im Tal, doch ihr eßt es nicht.
Eure Herzen dürsten, trotzdem des Lebens Quellen um eure Hütten fließen wie Ströme, und ihr trinkt nicht.
Das Meer hat Ebbe und Flut, der Mond seine Sichel und eine runde Scheibe, und das Jahr hat seinen Wechsel von Sommer und Winter, nur die Gerechtigkeit wechselt nicht, sie schwankt und vergeht nicht.
Was also versucht ihr die Wahrheit zu entstellen?
Ich habe euch gerufen in der Stille der Nacht, euch des Mondes Schönheit, die Würde der Sterne zu zeigen. Ihr erhobt euch, erschrocken, zogt euer Schwert und rieft: «Wo ist der Feind, daß wir ihn schlagen!»
Im Morgengrauen, als die berittenen Feinde kamen, rief ich abermals, doch ihr weigertet euch aufzustehen. Ihr schlieft weiter und schlugt nur in euren Träumen den Feind.

Ich sagte zu euch: «Kommt, wir wollen den Gipfel des Berges ersteigen, dort kann ich euch zeigen die Königreiche der Welt.» Ihr antwortetet: «Im Tal zwischen diesen Bergen lebten unsere Väter und Vorväter; in ihrem Schatten starben sie. Wie sollen wir da diese Stätte verlassen und hingehen an einen fremden Ort?» Ich sagte zu euch: «Kommt, wir gehen hinunter in die Ebene, ich will euch Goldminen zeigen und die Schätze der Erde.»
Ihr weigertet euch und spracht: «In der Ebene lauern Diebe und Räuber.»
Ich sagte zu euch: «Kommt, gehen wir an die Küste, wo uns das Meer Nahrung die Fülle schenkt.» Ihr

weigertet euch und spracht: «Das Tosen der Tiefe schreckt uns zu Tode.»

Ich habe euch geliebt, meine Landsleute, doch meine Liebe betrübt mich und hat euch nichts eingetragen.
Heute hasse ich euch, und der Haß ist die Flut, die davonträgt totes Geäst und unterspült morsches Gemäuer.
Ich habe eure Schwäche bemitleidet, doch mein Mitleid hat nur eure Trägheit gestärkt...

Was also sind eure Forderungen an mich, meine Landsleute?
Was eure Forderungen ans Leben,
wiewohl ich euch nicht länger erachte für Kinder des Lebens.
Eure Seele krümmt sich in der Hand der Wahrsager und Zauberer, indes euer Leib in den Pranken der Tyrannen zittert und euer Land unter dem Erobererstiefel darniederliegt; was erwartet ihr, im Angesicht der Sonne stehend? Euer Schwert ist rostig, abgebrochen eure Speerspitze, schlammbedeckt euer Schild. Was also steht ihr auf dem Schlachtfeld herum?
Heuchelei ist eure Religion, Anmaßung euer Leben, Vergänglichkeit euer Ziel.
Wozu lebt ihr überhaupt? Der Tod ist des Elenden einzige Ruhestatt.
Das Leben dagegen ist Entschlossenheit in der Jugend, Kampf im Mannesalter und Weisheit in der Zeit der Reife. Ihr aber, meine Landsleute, seid alt und schwach geboren worden, mit geschrumpften Köpfen, faltiger

Haut; und dabei benehmt ihr euch wie Kinder, die im Unrat spielen und sich mit Steinen bewerfen...

Die Menschheit ist ein kristallklarer Strom, der, Wind im Schilf, der Berge Geheimnisse in die Meerestiefen trägt. Ihr aber seid ein Sumpf, mit Würmern auf dem Grund und Schlangen am Ufer.

Die Seele ist eine heilige, blaue Flamme, die das Antlitz der Götter erleuchtet. Eure Seele aber, meine Landsleute, ist Asche, verweht vom Wind übern Schnee, zerstreut vom Sturm in felsige Spalten.

Ich hasse euch, meine Landsleute, weil ihr Ruhm und Größe verachtet.

Ich verschmähe euch, weil ihr euch selbst verschmäht.

Ich bin euer Feind, weil ihr, unwissend, Feinde der Götter seid.

Der Tag der Abrechnung kam zur Zeit des Ersten Weltkrieges. Die Türkei trat auf der Seite Deutschlands in den Krieg ein, und Truppen beider Länder besetzten die Küsten des östlichen Mittelmeers. Mit dieser Unternehmung sollten die Alliierten an einer Landung gehindert, und, wichtiger noch, es sollte damit die Eisenbahnlinie geschützt werden, die Nahrungsgüter aus der Türkei nach Deutschland brachte und so eine vollständige Blockade Deutschlands verhinderte.

Man hatte dem Libanon auf seine dringenden Forderungen hin endlich Autonomie gewährt. Um es vorwegzunehmen: aber der Libanon konnte sich wirtschaftlich nicht selbst erhalten. Jetzt, unter der Blockade, hatte er nicht die Möglichkeit, Lebensmittel einzuführen. Dann kamen die Heuschrecken, zwei ganze Jahre lang, und fraßen alles weg, vom kleinsten Grashalm bis zur ältesten Eiche. Die Einwohner des Landes verhungerten; auf den Straßen, den Wegen und in den Häusern starben sie. Die Anführer des Volkes wurden festgenommen und öffentlich gehängt. Hätte der Krieg länger gedauert, wäre das Volk völlig erloschen, und niemand hätte diese Katastrophe überlebt, um von ihr Zeugnis zu geben.

Auf diese Tragödie eingehend, schrieb Gibran den arabischen Artikel «Mein Volk starb», aus dem wir folgenden Auszug zitieren:

Mein Volk starb

Mein Volk starb hungers, und ich kam lebendig hierher, es in meiner Einsamkeit zu beklagen…

Man sagt mir: ‹Die Tragödie Ihres Landes ist nur ein Teil der Tragödie der Welt; die Tränen und das Blutvergießen in Ihrem Land sind nur Tropfen in dem Blut- und Tränenstrom, der Tag und Nacht in den Tälern und Ebenen der Welt fließt.›

Das mag stimmen; doch die Tragödie meines Volkes ist eine stille Tragödie, entstanden in den Köpfen von Männern, die wir Schlangen und Ottern nennen sollten. Die Tragödie meines Volkes vollzieht sich ohne den Pomp von Paraden.

Hätte mein Volk gegen die Tyrannen aufbegehrt und wäre es in der Rebellion gestorben, so hätte ich gesagt, der Tod für die Freiheit ist ehrenwerter als ein Leben in Knechtschaft.

Wer mit dem Schwert in der Hand in die Ewigkeit eingeht, lebt solange, wie es Gerechtigkeit gibt.

Wenn meine Landsleute in den Weltkrieg eingetreten wären und bis zum letzten Mann gekämpft hätten, so hätte ich gesagt, es war ein wilder Wirbelsturm, der grünes und totes Geäst zerbrach; ich hätte gesagt, der Tod in der Gewalt des Sturms ist besser als ein Leben in den Armen des Alters.

Hätte ein Erdbeben mein Volk und meine Angehörigen verschlungen, so hätte ich gesagt, es ist ein Naturgesetz, gelenkt von Kräften, die über das Verständnis des Menschen gehen. Es ist töricht, seine Geheimnisse erkunden zu wollen.

Doch mein Volk ist nicht im Aufruhr gestorben, es starb nicht in der Schlacht, wurde nicht vom Erdbeben begraben.

Mein Volk starb am Kreuz. Mein Volk starb mit zwischen Ost und West ausgebreiteten Armen, seine Augen suchten die Dunkelheit der Himmel ab.

Es starb in aller Stille, weil die Ohren der Menschheit taub geworden sind vor seinem Schreien.

Es starb, weil es kein Volk von Frevlern war.

Es starb, weil es friedlich war.

Es starb in einem Land, das Milch und Honig hervorbringt.

Es starb, weil höllische Schlangen ihre Herden und ihre Ernte raubten vom Feld.

Nach dem Krieg übernahm Frankreich Syrien und den Libanon durch ein Mandat des Völkerbundes; es wollte ihnen helfen, innerhalb von drei Jahren ihre Regierungsformen zu organisieren und unabhängig zu werden.

Aus den drei Jahren wurden sechs, aus den sechs wurden zwölf, und es schien, als wolle Frankreich für immer im Libanon bleiben.

Auf diese Situation bezieht sich ein Artikel Gibrans:

Ihr habt euren Libanon und ich den meinen

Ihr habt euren Libanon mitsamt seinen Problemen. Ich habe meinen Libanon mitsamt seiner Schönheit.

Euer Libanon ist eine Schaubühne, errichtet für Bewohner des Westens, für Bewohner des Ostens.

Mein Libanon ist ein Schwarm aufflatternder Vögel am frühen Morgen, wenn der Hirt mit seiner Herde auf die Weide zieht, davonfliegend am Abend, wenn die Bauern heimkehren von ihren Feldern und Weingärten.

Ihr habt euren Libanon mit seinen Menschen. Ich habe meinen Libanon mit seinen Menschen.

Die euren sind Menschen, die in Krankenhäusern des Westens geboren wurden, Schiffe, ruder- und steuerlos auf stürmischer See. Stark und beredt, wenn sie unter sich sind, doch schwach und stumm unter Europäern.

Sie sind tapfer, sie sind Befreier und Reformer, doch nur in ihrem eigenen Land. Sie sind die Feiglinge, denen die Europäer befehlen, zurückzuweichen. Sie sind wie Frösche, aufgebläht prahlen sie, sie hätten sich von ihrem uralten, tyrannischen Feind befreit, während sich dieser Feind in Wahrheit noch immer in ihren Seelen verbirgt. Sie sind die Sklaven, denen die Zeit ihre rostigen Ketten gegen glänzende vertauscht hat, so daß sie sich nun für frei halten. Das sind die Kinder eures Libanon. Ist unter ihnen, so frage ich, auch nur einer, der die Stärke der himmelragenden Felsen des Libanon verkörpert, die Reinheit seiner Gewässer, den Balsam seiner Luft? Wer von ihnen sagt: ‹Wenn ich sterbe, hinterlasse ich mein Vaterland ein wenig besser, als es war bei meiner Geburt?›

Wer von ihnen wagt zu sagen: ‹Mein Leben war ein Blutstropfen in den Adern des Libanon, eine Träne in seinen Augen, ein Lächeln auf seinen Lippen?›

Das sind die Kinder eures Libanon. Eurer Ansicht nach sind sie groß, meiner Ansicht nach bedeutungslos.

Ich will euch verraten, wer die Kinder meines Libanon sind.

Es sind die Bauern, die brachliegendes Feld in Gärten und Haine verwandeln.

Es sind die Hirten, die ihre Herden durch die Täler führen, daß sie fett werden für eure Tafel und Wolle liefern für eure Kleider.

Es sind die Weinbauern, die die Traube keltern und den Sirup kochen.

Es sind die Eltern mit den zärtlichen Blicken für ihre Kinder, die Mütter, die das Seidengarn spinnen.

Es sind die Männer, die den Weizen mähen, und die Frauen, die die Garben binden.

Es sind die Maurer, Töpfer, Weber und Glockengießer.

Es sind die Dichter, die ihre Seele in neue Krüge gießen.

Es sind diejenigen, die mit nichts als ihren starken Armen und mit ihrem Mut im Herzen aufbrechen und heimkehren mit Reichtum in den Händen und einem Ruhmeskranz im Haar.

Sie siegen, wo immer sie hingehen; sie sind geliebt und angesehen, wo immer sie sich niederlassen.

Sie sind diejenigen, die in Hütten geboren werden und in den Palästen der Weisheit sterben.

Das sind die Kinder meines Libanon; sie sind die Lampen, deren Flamme kein Wind zum Verlöschen bringt, und das Salz, das durch die Zeiten unverdorben bleibt.

Sie sind diejenigen, die unaufhörlich der Vollkommenheit, der Schönheit und der Wahrheit entgegengehen.

Was wird von eurem Libanon nach einem Jahrhundert übrigbleiben? Sagt mir! Was außer Prahlerei, Lüge und Torheit? Erwartet ihr etwa, künftige Zeitalter bewahrten die Spur von Lug, Trug und Heuchelei? Glaubt ihr, die Luft bewahrt in ihren Sphären den Schatten des Todes, den Verwesungshauch von Gräbern?

Glaubt ihr, das Leben hält ein Flickengewand für ein neues Kleid? Wahrlich, ich sage euch, ein Ölbaum auf den Bergen des Libanon wird all eure Taten und Werke überdauern; der von Ochsen gezogene Holzpflug in den Tälern meines Landes ist edler als eure Träume und Wünsche.

Ich sage euch, während das Gewissen der Zeit meiner Rede lauscht: der Sang eines Mädchens, das Garben bindet auf den Feldern des Libanon, wird alle Worte eures stolzesten Schwätzers überdauern. Ich sage euch, ihr habt nichts erreicht. Wenn ihr das wüßtet, würde ich euch bedauern, doch ihr wißt es nicht.

Ihr habt euren Libanon und ich den meinen.

In dem Maß, wie Gibran die Politiker im Libanon angriff, gab er gleichzeitig auch seiner Hoffnung und seinem Glauben an die jungen Libanesen und Syrer in Amerika Ausdruck. Die folgenden Zeilen Gibrans sind oft gerahmt an den Wänden seiner Landsleute zu finden:

Ich glaube an euch

Ich glaube an euch, und ich glaube an euer Schicksal.

Ich glaube, daß ihr euren Teil zu dieser Zivilisation beitragen werdet.

Ich glaube, daß ihr von euren Vätern den uralten Traum, den Sang und die Prophezeiung geerbt habt, um sie Amerika als Gaben in den Schoß zu legen.

Ich glaube, daß ihr den Vätern dieser Nation sagen könnt: «Hier bin ich, ein junger Mann aus dem Libanon, ein Baum, der heimatlichen Erde entrissen und dennoch tief verwurzelt hier und willens, Frucht zu tragen.»

Ich glaube, daß ihr zu Abraham Lincoln, dem gesegneten, sagen könnt: «Jesus von Nazareth berührte deine Lippen, als du sprachst, lenkte deine Feder, als du schriebst; ich werde alles in meinem Herzen bewahren, was du gesagt, was du geschrieben hast.»

Ich glaube, daß ihr zu Emerson, Whithman und James sagen könnt: «In meinen Adern fließt das Blut der Dichter und Weisen von gestern; und es ist mein Wunsch, zu euch zu kommen und von euch zu empfangen; doch ich komme nicht mit leeren Händen.»

Ich glaube, daß ihr wie eure Väter, die hierhergekommen sind, um Wohlstand zu schaffen, hier geboren wurdet, um geistige Reichtümer zu schaffen.

Ich glaube, daß ihr fähig seid, gute Bürger zu werden.

Und was heißt es, ein guter Bürger sein?

Es heißt, die Rechte des anderen anzuerkennen, ehe man die eigenen behauptet; doch es heißt auch, sich der eigenen stets bewußt zu sein.

Es heißt, frei in Wort und Tat zu sein. Doch es heißt

auch, zu wissen, deine Freiheit ist der Freiheit des anderen untergeordnet.

Es heißt, Nützliches und Schönes mit eigenen Händen zu schaffen, und dasjenige, was andere voll Liebe und Glauben geschaffen haben, zu bewundern.

Es heißt, durch Arbeit und nur durch Arbeit Werte zu schaffen und weniger auszugeben, als man erworben hat, damit eure Kinder dem Staat nicht zur Last fallen, wenn ihr dereinst nicht mehr seid.

Es heißt, vor den Wolkenkratzern New Yorks, Washingtons, Chicagos, San Franciscos zu stehen und zu sagen: Ich bin ein Sproß des Volkes, das Damaskus und Byblos, Sidon und Antiochia erbaut hat; hier stehe ich, bereit, mit Hand anzulegen.

Ihr sollt stolz darauf sein, euch Amerikaner zu nennen, doch auch stolz darauf, daß eure Väter und Mütter aus einem Land kamen, auf dem Gottes Segenshand liegt und in dem er seine Boten erweckt.

Junge Amerikaner syrischer Herkunft, ich glaube an euch.

Gibran wurde nicht alt genug, um die Verwirklichung seiner Hoffnungen und Träume noch zu erleben. Doch der Libanon, sein Land, wurde endlich unabhängig.

Im Sommer 1964 verlieh die libanesische Regierung der vierspurigen Straße, die von Beirut zum internationalen Flughafen führt, den Namen Jadat Al Mogtaribeen. Diese Straße ist der Weg, den Gibran ging, als er seiner Liebe begegnete. An diesem Boulevard liegen die Bauwerke, zu denen Gibran seine Heimat anspornte: Versammlungsorte, luxuriöse Hotels, der moderne Flughafen. Täglich gehen Auswanderer, in Armut geboren, diesen Weg:

«Die jungen Bäume aus den Bergen des Libanon, verpflanzt in alle Winde der Welt, kehren wieder nach Hause zurück und bringen Früchte mit.»

Vor meinem geistigen Auge sehe ich, wie Gibran diesen neuen Menschenstrom beobachtet, denn schrieb er nicht:

«Ein Weilchen noch, ein kurzes Rasten auf dem Wind, und ein anderes Weib wird mich gebären.»

Gibrans Malerei und Dichtung

Der Islam verbietet Bilder und Idole, selbst das Bild Mohammeds. In den von ihm eroberten Ländern verwandelte der Islam zahlreiche Kirchen in Moscheen; Statuen und Gemälde wurden entfernt, Mosaikwände übertüncht. So erklärt es sich, daß Malereien und Schnitzereien aus der Welt des Islam verschwanden. Um aber die Wirkung neuer Gebäude zu steigern, schmückten sie die Architekten und Künstler mit kalligraphischen Formen, geometrischen Figuren und anderen dekorativen Elementen.

Als junger libanesischer Student wurde Gibran weder von einem einzelnen Künstler noch von einer Malschule beeinflußt. Als er die Werke arabischer Philosophen studierte, stellte er sich ihr Äußeres vor, und zum erstenmal erschienen nun Radierungen dieser Männer in Büchern. Gibran schuf die Blätter im Alter von siebzehn Jahren. Noch zu Beginn seiner Malerlaufbahn stellte er einmal seine Arbeiten in einem Bostoner Atelier aus. Ein Brand zerstörte das Gebäude und die gesamte Sammlung mit allen Zeichnungen und Gemälden. Das war ein schwerer Schlag für einen jungen Künstler, der auf den Verkauf seiner Arbeiten angewiesen war. Jahre später äußerte Gibran, den Verlust habe er verschmerzen können, da die Arbeiten noch nicht reif gewesen seien. Seine Gemälde und Zeichnungen sind über den gesamten Mittleren Osten, Europa und Amerika verstreut.

Zu Beginn seiner Laufbahn schrieb Gibran Gedichte und Artikel in Arabisch. Er schuf einen neuen, von westlichem Gedankengut beeinflußten Stil und bewirkte so eine große Veränderung im Denken der jungen Generation seines Landes. Doch damit konnte er sich nicht den Lebensunterhalt verdienen; Gibran begann, berühmte und reiche Zeitgenossen zu porträtieren. Seine Illustrationen zu eigenen Büchern bestanden hauptsächlich aus Aktstudien, grau und schwarz verschatteten Strukturen. In den Bewegungen der Figuren und in der Behandlung des Hintergrunds wird Gibrans Versuch deutlich, das Bekannte mit dem Unbekannten zu vereinen, Liebe, Sorge und Leben in ihrer Verbindung zu Mensch und Gott darzustellen. Auf Gibrans Blättern tauchen weder Kleider noch Bäume, weder Häuser noch Kirchen auf, nichts, was das Bild mit irgendeinem Teil der Erde, irgendeiner Konfession identifiziert. Was auf den Bildern enthüllt wird, ist Gibran, der Künstler selbst, und seine Verbindung mit dem Werk Gottes, der Schöpfung. Gibrans Vorväter stellten sich Gott als einen alten Mann mit langem Bart und fließenden Gewändern vor. Diese Vorstellung hat sich in der Kirche, die das Werk großer Männer des Mittelalters unterstützte und finanzierte, erhalten. Gibran wurde nicht von der Kirche unterstützt und von keinem Stil beeinflußt; er blieb frei und entwickelte seinen eigenen Stil.

Gibran hat nur wenige Gedichte hinterlassen, weil er es eher lernte, arabische Dichtung als überhaupt Englisch zu schreiben. Das ist auch bei anderen arabischen Dichtern der Fall gewesen, die in ähnlichen Verhältnissen wie Gibran lebten. Nach den Regeln arabischer Dichtung ist das, was wir ein englisches Gedicht nennen, nur ein gereimter Satz. Mit anderen Worten: wenn wir die arabischen Regeln für Dichtung zum Maßstab nehmen, so besitzt das Englische keine Lyrik.

Gibran schrieb den überwiegenden Teil seiner arabischen Verse in frühen Jahren. Arabische Dichter rühmen sich, Worte zu verwenden, die man nur versteht, nachdem man ein Wörterbuch zu Rate gezogen hat. Gibrans arabische Gedichte eröffneten eine neue Ära, neue Horizonte: sie verwendeten nur kurze und einfache Worte.

In seinen späteren Jahren schrieb Gibran für englische Leser. Wie bereits gesagt, kommt das Dichten in englischer Sprache dem Versuch gleich, Shakespeares Werk in Alltagssprache umzuschreiben. Darum findet sich in Gibrans Werk, einem ansonsten sehr umfangreichen Werk, nur sehr wenig Dichtung.

Welche Dichtung es auch immer war, die er schrieb, sie enthielt dieselbe Philosophie wie seine Prosa. Die folgende Übersetzung mag eine Probe dieser Philosophie vermitteln:

Während der Ebbe schrieb ich eine Verszeile in den Sand
Und legte alles, was mich mit Herz und Geist bewegte, hinein;
Zur Flutzeit kehrte ich wieder, um über sie nachzusinnen,
Und fand nichts als meine Unwissenheit am Strand.

Eines seiner arabischen Gedichte, «Die Prozession», ist von zwei Nachdichtern ins Englische übertragen worden. Vergleicht man die Ergebnisse, fällt der große Unterschied auf, und man empfindet, daß etwas fehlt. Würde ich den Versuch einer Übertragung wagen, so erginge es mir wahrscheinlich nicht besser; es bleibt etwas der inneren Natur nach Unübersetzbares. Einer der Nachdichter schrieb: «Aufgrund des nebulosen, unübersetzbaren Charakters des Arabischen... war es bisweilen notwendig, von einer strengen Übersetzung Abstand zu nehmen, um Gibrans machtvolle Botschaft ganzheitlich und unversehrt zu erfassen.»

Ein Literaturkritiker – er spricht Arabisch – sagte dazu: «Das Arabische ist eine kraftvolle Sprache, es besitzt ein reiches Vokabular vielschichtiger Wörter, die sich in feinen Nuancierungen unterscheiden. Die zarten Töne ihrer Wärme und Farbe bilden zusammen mit ihrer Sprachmelodie eine Symphonie, deren Klang die Hörer entweder zu Tränen rührt oder in Ekstase versetzt.»

Obwohl Teile der Sprachgewalt und Melodik verlorengehen, vermag selbst eine Übersetzung die Grundphilosophie Gibrans zu vermitteln. Sie erreichte ihren Höhepunkt in seinem Spätwerk «Der Prophet».

G. Kheiralla, der Übersetzer, merkte zu diesem Werk an: «Dieses Buch ist eine unbewußte Autobiographie: Gibran, der Weise, der über seine Jahre hinausgereift ist, und Gibran, der Aufrührer, der endlich an die Einheit und Universalität alles Existierenden glaubt und sich nach einer einfachen, unpersönlichen Freiheit sehnt, verschmolzen mit der Harmonie der Dinge.»

Gibrans Philosophie

«Ein Philosoph ist ein gewöhnlicher Mensch, der tiefer und genauer denkt als andere.»

Der amerikanische Philosoph Williams James definiert Philosophie als den besonders beharrlichen Versuch, klar zu denken.

Das Wort Philosophie entstammt dem Griechischen und heißt soviel wie ‹Liebe zur Weisheit›. Es umschließt die Beobachtung von Tatsachen und Ereignissen in der geistigen wie auch in der physischen Welt; es ist mit der Analyse von Ursache und Wirkung und ihrer Gesetze verbunden, aus denen allgemeine Prinzipien abgeleitet werden.

Da wir heute in einer sehr komplexen, unüberschaubaren Welt leben, bemerken nur sehr wenige Menschen, welche Wirkung die Prinzipien der großen Denker auf unser Leben, auf unsere wechselseitigen Beziehungen, ja selbst auf die Begriffe, die wir für gesichert halten, haben. Beispielsweise ist der Hunger heute ein weitaus komplizierterer Prozeß als in der Vergangenheit: der Mensch der Gegenwart mißt sein Nahrungsbedürfnis nicht nur an seinem Appetit, an seinen Zugangsmöglichkeiten zu Lebensmitteln, er mißt ihn auch an seiner Zahlungsfähigkeit, an seinem persönlichen Geschmack. Diese Selbstkontrolle ist naturgemäß das Ergebnis einer jahrtausendalten gesetzlichen, religiösen und politischen Erziehung.

Die Komplexität unserer Welt führt aber auch dazu, daß wir technische Verfahren, die die sieben Weltwunder in den Schatten stellen, für selbstverständlich halten. Wir fahren auf Eisenbahnschienen, die nicht exakt der Erdkrümmung folgen, sonst würde nämlich der Zug entgleisen. Wir gehen an Wolkenkratzern vorbei, deren Statik bis auf den millionsten Bruchteil eines Zolls berechnet ist, doch es scheint uns selbstverständlich, wenn das Empire State Building mehrere Fußbreit schwankt. Besitzen wir religiöse Neigungen, so ist es für uns normal, zur Kirche unserer Wahl zu gehen. Sind wir nicht gläubig, machen wir uns keine Gedanken darüber, daß uns niemand zwingt, einen Gottesdienst zu besuchen. Und dennoch stellt gerade dieses Privileg den Sieg der Philosophie dar. Sonst würden diejenigen, die nicht zur Kirche gehen, noch immer den Löwen geopfert oder auf dem Scheiterhaufen verbrannt werden.

In seinem Hauptwerk «Der Prophet», einem Buch über Fragen des Werdens und Vergehens, stellte sich Gibran unter die sokratische Maxime: ‹Erkenne dich selbst›.

Eine Frau fragte ihn einmal: «Prophet Gottes, berichte uns alles, was du selbst in der kurzen Spanne zwischen Geburt und Tod erfahren hast.»

«Ich liebe die von Menschen ersonnenen Gesetze nicht, die Überlieferungen unserer Väter sind mir ein Greuel.» Mit diesem Bekenntnis schlug sich Gibran auf die Seite jener Theologen, die den Leitsatz Augustins veranschaulichen: «Man könnte nicht zweifeln, lebte, dächte man nicht und wäre man sich nicht bewußt, es gäbe so etwas wie die Wahrheit.»

Bereits bevor der Mensch des Lesens und Schreibens fähig war, machte er sich über seine Existenz auf Erden Gedanken. Er fragte sich: Woher komme ich? Wohin gehe ich? Und warum ist das so?

Als der Mensch auf einfache, grobe Weise den Gebrauch von Buchstaben erlernt hatte, hinterließ er für uns Heutige seine Begriffe von Leben und Tod. Diese Überlieferung ist nichts anderes als Philosophie.

Doch wir können nicht ausführlich auf dieses weitläufige Thema eingehen; seine Erörterung füllt die Regale ganzer Bibliotheken.

Wir wollen nun den Versuch unternehmen, den Glauben Gibrans näher zu bestimmen. Große Teile seiner Schriften zeigen, daß er sich dieselben verwirrenden Fragen stellte wie der Mensch von einst. Er erkannte die Prämisse an, daß Gott existiert, aber er wurde wegen seiner Definition Gottes kritisiert.

Gibrans Vorväter im Libanon und im Mittleren Osten beschrieben Gott als einen gnädigen Vater und schlugen sein Bildnis in den Fels: einen alten Mann mit einem langen Bart. Diese Vorstellung fand in den drei großen Religionen des Westens ihren Ausdruck: im Judaismus, im Christentum und im Islam.

Einige Philosophen, besonders arabische, suchten nach einer umfassenderen Definition Gottes.

Averroës (1126–1198), ein großer arabischer Denker, schrieb: «Ein einfältiger Gläubiger würde sagen: Gott ist im Himmel. Ein Gebildeter aber, der weiß, daß Gott nicht als körperliche Wesenheit im Raum dargestellt werden kann, würde sagen: Gott ist überall und nicht nur im Himmel.

Wenn man die Allgegenwart Gottes nur auf den engeren physischen Bereich beschränkt, ist auch diese Definition falsch.

Demgemäß drückt der Philosoph das rein geistige Wesen Gottes entsprechender aus, wenn er behauptet, Gott sei nirgendwo anders als in ihm selbst; statt zu sagen, Gott ist im Raum, ist es richtiger zu sagen, der Raum und die Dinge seien in Gott.»

Der im Libanon aufgewachsene Gibran muß diese Erklärung Averroës' akzeptiert haben.

In seinem «Garten des Propheten» läßt er einen Mann fragen: «Meister, wir hören soviel von Gott reden in dieser Gegend. Was sagt Ihr über Gott, und wer ist Er in Wirklichkeit?» Gibran erwiderte: «Denk, mein Teurer, an ein Herz, das alle Eure Herzen enthält, an eine Liebe, die all Eure Liebe umfängt, an einen Geist, in dem all Eure Geister Platz haben, an eine Stimme, die all Eure Stimmen umschließt, an ein Schweigen, das tiefer ist als all Euer Schweigen und zeitlos.

Sucht nun eine Schönheit wahrzunehmen, zauberhafter als alles Schöne, das Ihr kennt, einen Gesang, gewaltiger als alle Gesänge des Meeres und des Waldes, eine Erhabenheit...

Es wäre weiser, weniger von Gott zu sprechen, den wir nicht begreifen können, und mehr von uns, die wir einander verstehen. Dennoch möchte ich, daß Ihr wißt: Wir sind der Atem und der Wohlgeruch Gottes. Wir sind Gott in der Form eines Blattes, einer Blume und oft in der Form einer Frucht.»

Wenn es um die Behandlung von Fragen der Seele geht, befanden sich Gibrans Biographen und Kritiker in Verlegenheit. Einige schrieben, Gibran glaube an die Seelenwanderung, besser bekannt unter dem Namen der Lehre vom Nirvana. Andere wieder beschuldigten ihn, ein Häretiker zu sein, weil Gibran die Aktivitäten religiöser Menschen bisweilen angegriffen hatte. Daher müssen wir, wenn wir Gibrans Philosophie verstehen wollen, manches von dem beiseitelassen, was seine Biographen geschrieben haben, und uns objektiv an das halten, was von Gibran selbst stammt. Er hat zahlreiche Aufsätze über die großen arabischen Philosophen verfaßt, z. B. über Avicenna, Al Farid und Al Ghazali. Avicennas Glaube kommt dem Glauben Gibrans am nächsten. Im folgenden zitieren wir Gibran aus dem Arabischen:

Avicennas «Buch von der Genesung der Seele»

Es findet sich unter den Werken der alten Dichter kein Gedicht, das meinen persönlichen Glaubensüberzeugungen, meinen geistigen Neigungen näherkommt als Avicennas «Buch von der Genesung der Seele».

In diesem erhabenen Gedicht verkörpert der alte Weise die größten Hoffnungen, die menschliches Streben und Wissen jemals gehegt haben, den tiefsten Quell der Phantasie, den menschliches Denken je hervorgebracht hat. Er spricht darin Fragen an, die den Menschen von Anfang an bewegten, Theorien, die sich aus langem Nachdenken, langer Meditation ergeben haben.

Es ist nicht verwunderlich, daß solch ein Gedicht gerade aus Avicennas Bewußtsein hervorgeht, denn er ist der Genius seines Zeitalters; doch es ist insofern paradox, als es die Bekundung eines Mannes darstellt, der sein Leben lang damit beschäftigt war, in die Geheimnisse des Körpers, in die Besonderheiten der körperlichen Materie einzudringen. Ich glaube, daß er das Geheimnis der Seele dadurch löste, daß er sich mit körperlichen Dingen beschäftigte; er begriff so das Unbekannte durch das Bekannte. Sein Gedicht liefert damit den deutlichen Beweis dafür, daß Wissen das Leben des Geistes ist und praktische Versuche zu geistigen Schlußfolgerungen führen, zu geistlichen Empfindungen, zu Gott.

Der Leser wird bei den großen europäischen Dichtern immer wieder Worten begegnen, die ihn an dieses erhabene Gedicht erinnern. So finden sich beispielsweise in den unsterblichen Stücken Shakespeares Zeilen, die der folgenden aus Avicennas Feder gleichen:

«Ich haßte meine Ankunft auf Erden, und ich verachte meinen Fortgang von hier. Welche Tragödie!»

Ein Anklang an die Werke Shelleys findet sich im folgenden:

«Ich träumte, und in einer Offenbarung sah ich, was offenen Auges zu sehen mir nicht möglich war.»

Bei Robert Browning findet sich ein gleichartiger Gedanke: «Es leuchtete wie ein Blitz auf, doch es verschwand, als wäre es nie gewesen.»

Bleibt festzustellen: auch wenn der weise Avicenna all diesen englischen Dichtern vorausging, tauchen seine Ideen, die er in diesem Gedicht behandelt, später bei einer Vielzahl von Dichtern auf, die Vertreter verschiedener Zeitalter sind. Das macht Avicenna nicht nur zum Genius seines Jahrhunderts, sondern auch zum Genius der nachfolgenden Jahrhunderte, und es macht sein «Buch von der Genesung der Seele» zum größten Werk, das jemals über diesen Gegenstand geschrieben worden ist.

Al Farid

Al Farid war ein sehr frommer Dichter. Seine unersättliche Seele trank den göttlichen Wein des Geistes und wanderte trunken durch die ihm fremde Welt, die für ihn nur mit den Träumen der Dichter, der Liebenden und der Mystiker bevölkert war. Ernüchtert sodann, kehrte seine Seele zur Erde zurück und hielt das Gesehene und Gehörte in Worten maßloser Schönheit fest.

Untersuchen wir die Verdienste von Al Farids Werk, so stellen wir fest, daß er ein Heiliger im Tempel des freien Denkens ist, ein Prinz im Königreich der Phantasie, ein General in der Armee des Mystizismus. Diese Armee rückt zwar nur zollweise dem Königreich Gottes entgegen, doch sie erobert auf ihrem Wege dorthin alle kleinen und niedrigen Dinge des Lebens und ist stets bemüht, das Große und Erhabene zu suchen.

Al Farid (1119–1220) lebte in einer Zeit, der es an Kreativität und ursprünglichem Denken mangelte. Er lebte unter Menschen, die Tradition und Überlieferung papageienhaft nachplapperten und das große Erbe islamischer Gelehrsamkeit und Philosophie energisch kommentierten und erläuterten.

Er war ein Genie, und ein Genie ist ein Wunder. Al Farid ging seiner Zeit aus dem Weg, er mied sein Milieu, suchte die Einsamkeit, um in ihr zu schreiben und in seiner universalen Dichtung das Unbekannte mit dem Bekannten im Leben zu vereinen.

Al Farid wählte seine Themen nicht so, wie es Al Mutanabbi getan hatte – er nahm sie nicht aus dem Alltagsleben. Er befaßte sich nicht mit dem Rätsel des Lebens wie der arabische Dichter Maary. Er verschloß vielmehr vor der Welt die Augen und bemühte sich, Dinge jenseits von ihr wahrzunehmen; er verschloß seine Ohren gegen das Getöse der Welt, um nichts als die ewigen Melodien zu hören.

Das also war Al Farid, eine Seele so klar wie die Strahlen der Sonne, ein Herz in hellen Flammen, ein Geist so durchsichtig und heiter wie ein Gebirgssee. Seine Dichtung spannte ihren Bogen weiter als die Träume seiner Vorgänger und Nachfolger.

Al Ghazali

Zwischen diesem Autor und Augustinus von Hippo besteht eine gewisse Verwandtschaft. Zwar verkörpern sie zwei verschiedene Zeitalter, doch in ihnen lebt ein und dieselbe Idee, ungeachtet der Unterschiede in der Religion und in der Gesellschaft ihrer Tage. Ihr gemeinsamer Grundgedanke ist der, daß es tief in der menschlichen Seele ein Bedürfnis gibt, das den Menschen dazu treibt, aus dem Sichtbaren ins Unsichtbare, in die Philosophie und das Göttliche vorzudringen.

Al Ghazali gab sein angenehmes Leben als Professor in Bagdad auf. Er verließ seine Familie und widmete sich ganz einem asketischen Leben in Meditation und Mystik. Er hinterließ neunundsechzig Werke, darunter eines, das dreizehn Bände umfaßt. Er durchwanderte Damaskus, Jerusalem, Hebron, Mekka, Medina und Alexandria, um in seiner Heimat Arabien zu sterben. Geistig suchte er nach den dünnen Fäden, die das Ende der Wissenschaft mit dem Anfang der Religion verbinden. Er suchte nach dem verborgenen Kelch, in dem sich die Intelligenz und die

Erfahrungen des Menschen mit seinen Hoffnungen und Träumen mischen.

Augustinus hatte fünf Jahrhunderte vor ihm nach dem gleichen Kelch gesucht. Wer seine «Bekenntnisse» liest, weiß, daß er die Welt und ihre Früchte als eine Stufenleiter zum Bewußtsein der ewigen Wahrheit ansah.

Ich freilich finde, Al Ghazali stand dem Geheimnis und dem Herzen der Dinge näher als der heilige Augustinus. Das mag auf den Unterschied ihrer Zeitalter zurückzuführen sein, auf das reiche Erbe der Lehren und Systeme der Araber und Griechen, die vor ihm lebten, wie auf das Vermächtnis des Augustinus. Damit meine ich die geistigen Dinge, die ein Denker dem anderen hinterläßt und die sich so vererben wie die Kleider und Sitten von einem Jahrhundert zum nächsten.

Ich entdeckte in Ghazali ein Glied in der goldenen Kette jener Mystiker des alten Indien, die ihn mit den späteren Deisten verband. Gewisse Gedanken Al Ghazalis finden sich im Buddhismus, Teile seines Denkens kehren bei Spinoza und William Blake wieder.

Unter den Orientalisten des Westens genießt Al Ghazali große Achtung. Die religiös Motivierten unter ihnen halten seine Begriffe für die bedeutendsten und weitesten des Islam. So merkwürdig es scheinen mag, in Venedig sah ich auf einem Wandgemälde in einer aus dem fünfzehnten Jahrhundert stammenden Kirche Al Ghazali unter den Philosophen, Heiligen und Theologen, welche die Kirche im Mittelalter für die Ecksteine und Säulen ihres geistigen Tempels hielt.

Gibran läßt in seinen Artikeln über Avicenna, Al Farid und Al Ghazali keinen Zweifel an seiner Bewunderung für diese arabischen Denker und bekannte sich in seiner Philosophie zu Avicenna.

Gibran schloß sich der Definition Averroës an: Der Raum und die Dinge sind in Gott. Und er schrieb: «Wir sind der Atem und der Wohlgeruch Gottes.» Er glaubte an die Existenz Gottes, an die Existenz der Seele und an ihre Wiedergeburt, doch nicht nach der Lehre des Nirvanas.

Die Anhänger dieser Lehre glauben, daß die Seele nach dem Tod in den Körper niedrigstehender Tiere oder in einen anderen Menschen eingeht und daß sie von Körper zu Körper wandert, bis sie geläutert ist. Dann kehrt sie zur Heimat ihres Gottes zurück.

Gibran erkannte den Läuterungsprozeß nicht an. Er glaubte, die Seele kehre wieder, um das vom Menschen aufgegebene Werk auf Erden zu vollenden. In einem Aufsatz über die Seelenwanderung und das Nirvana, der den Titel «Der Dichter aus Baalbek» trägt, legt Gibran dar, daß die Seele in den gleichen Zustand wieder zurückkehrt.

Es heißt darin:

«Und der Prinz fragte: ‹Sag mir, o Weiser, werden die Götter mich als Prinzen wieder in diese Welt zurückkehren lassen, werden sie den abgeschiedenen Dichter wieder als Dichter erwecken? Wird mein Körper wiederauferstehen als Körper des Sohnes eines großen Königs? Und die Seele des Dichters im Körper eines großen Dichters? Werden die heiligen Gesetze es ihm erlauben, der Ewigkeit ins Antlitz zu schauen und Gedichte über das Leben zu schreiben? Werde ich ihn mit Gaben überschütten können?› Und der Weise erwiderte auf die Frage des Prinzen: ‹Wonach auch immer die Seele sich sehnt, sie wird es erreichen. Die heiligen Gesetze, die den Frühling nach dem

Winter wiederkehren lassen, werden dich als Prinzen und den Dichter als Dichter wiedererwecken.›»

Im «Propheten» schrieb Gibran:

Leb wohl, Volk von Orphalese.
Der Tag ist vollbracht.
Vergeßt nicht: Ich werde zurückkehren zu euch.
Eine kleine Weile noch, ein kurzes Rasten auf dem
Wind, und ein andres Weib wird mich wieder gebären.

Und im «Garten des Propheten» heißt es am Schluß:

O Nebel, meine Schwester Nebel,
Wir sind jetzt eins, du und ich.
Ich bin nicht mehr mein Ich.
Die Mauern sind gestürzt;
Die Ketten sind zerbrochen;
Ich erhebe mich zu dir, Nebel,
Und wir treiben zusammen auf dem Meer
Bis zum Morgen des Lebens,
Dann wird die Morgendämmerung dich als Tautropfen
In einen Garten niederlegen
Und mich als Kind an die Brust einer Frau.

Im späten achtzehnten Jahrhundert gewann der Materialismus in Europa die Oberhand. Das wirtschaftliche Leben der Gesellschaft wurde wichtiger als die religiöse Ethik. Man vertrat die Theorie der natürlichen Zuchtwahl, um die Vorrangstellung der Macht gegenüber dem Recht zu rechtfertigen, sei es zwischen Individuen oder Nationen.

Nietzsche und andere Denker machten das «Ich» zum Mittelpunkt von etwas, das beinahe Verehrung verdiente. Nietzsche verkündete sogar, Gott sei tot.

John A. T. Robinson behauptete, Nietzsche sei kein Atheist, er habe vielmehr nur versucht, den Menschen von einem Gott zu befreien, der ein Tyrann sei, den Menschen verarmen ließe, ihn versklave und auslösche. Was er versucht habe, sei nichts anderes als die Bemühung, den freundlichen alten Mann loszuwerden, jenen, den man jederzeit beiseiteschieben kann, um «zur Geschäftsordnung überzugehen».

Einer der Biographen Nietzsches hat die Behauptung aufgestellt, Gibran habe das Werk Nietzsches kennengelernt und sei von ihm sogar beeinflußt worden.

Gibran forderte, daß sich sein Volk im Mittleren Osten gegen die Türkenherrschaft erheben sollte. Doch zu keinem Zeitpunkt hat er die Existenz Gottes geleugnet.

Wir wissen, daß Gibran ebenso an Gott wie an die Unsterblichkeit der Seele glaubte. Aber war es seine Überzeugung, daß der Mensch und seine Seele Führung brauchen, und wenn, welche Art von Führung?

Es ist von entscheidender Bedeutung, Gibrans Herkunft, sein Traditionsgefüge und dessen Kanon kennenzulernen, um eine Antwort auf die in seinen Werken gestellten Fragen geben zu können. Gibrans Mutter war die Tochter eines maronitischen Priesters; er wurde von seinem Großvater nach dem Ritus dieser syrisch oder aramäisch sprechenden Kirche getauft. Ein Kennzeichen dieser Kirche libanesischer Überlieferung besteht darin, daß sie sich nicht nur physisch, sondern auch philosophisch und intellektuell an einem Scheidepunkt der Welt befindet. Der maronitische Ritus geht direkt auf die Kirche von Antiochia zurück, ist jedoch römisch-katholisch; er hat sich seine alte Sprache, seine Rituale und die Verbundenheit mit Rom bewahrt. Viele maronitische Priester sind verheiratet, weil auch verheiratete Männer Priester werden dürfen. Allerdings darf ein maronitischer Priester dann nicht heiraten, wenn er bereits die Priesterweihe erhalten hat.

Im Alter von fünf Jahren wurde Gibran in eine Dorfschule geschickt, die unter dem Schutz der maronitischen Kirche stand. Mit elf Jahren konnte er sämtliche Psalmen auswendig hersagen. Mit dreizehn Jahren besuchte er eine kirchliche Lehranstalt, auf der er fünf Jahre blieb. Auf diesem Institut genoß er den Unterricht Pater Joseph Haddads, des einzigen Mannes, so Gibrans Worte, von dem er etwas gelernt habe.

In reiferen Jahren, nach dem «Propheten», schrieb er «Jesus Menschensohn», ein Werk, das seine gründliche Bibelkenntnis unter Beweis stellt, seinen Verfasser aber auch als Kenner des westlichen wie östlichen Denkens ausweist; Gibran schrieb nicht nur über arabische Philosophen, sondern ebenso über Männer wie Augustinus, den man im Westen für den Vater der lateinischen Theologie hält. Augustinus war aber libanesischer (punischer oder phönizischer) Herkunft. Er empfing seine Ausbildung in den Schulen Karthagos und trat erst mit dreiunddreißig Jahren zum Christentum über. Augustinus übernahm vom Apostel Paulus die Lehre von der Erbsünde des Menschen, doch er definierte das Böse als ein vom Menschen willentlich getanes Böses. Augustinus schrieb, der Mensch könne die Erlösung nur mit Hilfe Gottes und durch dessen Gnade erreichen – eine Grundvoraussetzung der heutigen orthodoxen kirchlichen Lehre.

Selbst ein nur flüchtiger Blick auf das Werk Gibrans zeigt, wie sehr er mit den Werken der alten Libanesen, der Hohenpriester der Eschtar, Baal und Tammus vertraut war; er kannte ferner Moses, die Propheten, die Seligpreisungen, und er besaß gründliche Kenntnisse in der christlichen und islamischen Theologie. Sein Wissensdurst führte ihn an die Quellen Buddhas, Zarathustras, Konfuzius', Voltaires, Rousseaus, Nietzsches, Jeffersons, Emersons und selbst Lincolns. Lobend erkannte Gibran an, daß unsere Religion solche Werte wie Disziplin und Führung befürwortet, und zwar durch den Ritus und durch ein vorgeschriebenes ethisches Verhalten.

Trotz aller Unterschiedlichkeit der religiösen Riten leitet sich der Kodex westlicher Ethik heute letztlich von dem Sittenkodex der Väter Gibrans, den Urbewohnern der östlichen Mittelmeerküste, her. Von ihnen stammen die Regeln für Besonnenheit, Mäßigung, Mut, Gerechtigkeit, Liebe, Barmherzigkeit und Selbstverzicht.

Gibran war zwar ein Aufbegehrender, doch er wandte sich nur gegen das praktizierte Zeremoniell, nicht gegen das Ethos seiner Ahnen. Barbara Young, Gibrans Sekretärin während seiner letzten Lebensjahre, schrieb: «Religion in ihrer etablierten Form besaß für diesen Menschen keine Anziehungskraft.» Eine sorgfältige Lektüre seiner Schriften beweist, daß er kein Agnostiker war. Sein Zorn richtete sich nur gegen die Form, in der die Religion ausgeübt wurde, nicht aber gegen den religiösen Menschen.

Als Gibran zum Mann heranwuchs, herrschten die Türken im Libanon, und die maronitische Kirche übernahm eine feudale Rolle, um innerhalb des islamischen Gemeinwesens zu überleben. Weil sie die feudale Position der Kirche stärken wollten, vermachten die libanesischen

Christen, die Maroniten, der Kirche mehr Land, als sie bebauen konnte. Aus diesem Grund ging die Kirche immer stärker zum System der Teilpacht über; mehr und mehr wurde sie dadurch zum Feudalherrn und zum Arbeitgeber ihrer eigenen Mitglieder. In dem Maße, wie die weltliche Macht der Kirche wuchs, ging ein Teil der Hierarchie – Bischöfe und Priester – dazu über, ihre Stellung und die Macht der Kirche zu mißbrauchen. Sie förderten und bereicherten ihre Freunde und Verwandten.

Gibran wuchs in allzu großer Nähe zur Kirche auf, um nicht ihre Weltlichkeit zu erkennen. Seine erste Liebe verlor er an den Neffen eines habgierigen Bischofs. Später, nachdem er sein Land verlassen hatte, sah er den Kontrast in Amerika – die Freiheit und die Toleranz dieses Landes. Sein Widerstand gegen das Religiöse war also nicht nur persönlicher Art, sondern erwuchs aus dem Ethos, dem er im Religiösen begegnet war.

In der Erzählung «Khalil der Abtrünnige» versucht ein Novize die Mönche zu überreden, all ihre Besitztümer zu verteilen und den Armen zu predigen: «Kommt, laßt uns die riesigen Ländereien des Klosters den bedürftigen Bewohnern dieses Dorfes zurückgeben! Legen wir den Reichtum, den wir ihnen wegnahmen, in ihre Taschen zurück! Verstreuen wir uns in alle Richtungen, wie die Vogelscharen, und bieten wir unsere Dienste dem schwachen Volk an, das uns stark machte. Wir werden zusammen das Land verbessern, von dessen Erträgen wir leben. Wir werden diese unglückliche Nation lehren, dem Licht der Sonne zuzulächeln, sich an den Gaben des Himmels zu erfreuen und das Leben und die Freiheit zu rühmen. Wahrlich, die Mühen, denen wir uns bei den Menschen unterziehen werden, sind würdiger und beglückender als die Ruhe, die wir hier pflegen; die Güte, mit der wir das Herz des Nächsten berühren werden, ist erhabener als die in den Winkeln des Klosters verborgenen Tugenden; und das Wort des Trostes, das wir an die Schwachen, an den Verbrecher und an die gefallene Frau richten werden, ist verdienstvoller als das lange Gebet, das wir im Tempel verrichten.»

Da die Mönche Khalil nicht zu ihren Regeln bekehren können, werfen sie ihn aus dem Kloster.

«Von seinem Schloß aus verkündet der Feudalherr, daß ihn der Sultan zum Herrscher über das Volk ernannt habe, und der Priester verkündet vorm Altar, Gott habe ihn zum Wächter über ihre Seelen ernannt.

Der Feudalherr bindet dem armen Fellachen die Arme, während der Priester ihm die Taschen ausraubt. Zwischen dem das Gesetz verkörpernden Herrscher und dem Gott verkörpernden Priester welkt und stirbt das libanesische Volk an Leib und Seele.»

In seiner Erzählung «Johannes, der Narr» berichtet Gibran von einem Mann, der das Neue Testament las, was gewöhnlichen Menschen damals verboten war.

Eines Tages nun, als Johannes las und über das Gelesene nachdachte, vergaß er darüber die Herde, so daß seine Ochsen auf den Klosterweiden zu grasen begannen. Die Mönche behielten die Ochsen ein und forderten außerdem noch Schadenersatz. Da Johannes nicht zahlen konnte, löste seine Mutter die Herde mit einem Medaillon, einem Erbstück, aus. Auf diese Weise wurde Johannes zu einem Kämpfer gegen die Kirche, zu einem Prediger auf den Märkten:

«Komm wieder, o lebendiger Jesus, und treibe die Händler deines Glaubens aus deinem heiligen Tempel...

Sie füllen die Himmel mit dem Rauch brennender Kerzen und verglühenden Weihrauchs, aber sie füllten nicht die Körper deiner gläubigen Anhänger mit Brot.»

Die Mönche ließen Johannes festnehmen und weigerten sich solange, ihn wieder freizulassen, bis sein Vater bestätigte, daß Johannes irrsinnig sei. Nun lauschte niemand mehr dem Prediger, denn die Leute glaubten, er sei ein Verrückter.

Über diese Erzählung schrieb Gibran in einem Brief an einen Freund. «Ich fand, daß Schriftsteller früherer Zeiten, wenn sie die Tyrannei eines Teils des Klerus' angriffen, stets die religiöse Praxis angriffen. Das war ein Fehler, weil die Religion ein dem Menschen natürlicher Glaube ist. Allerdings ist es falsch, wenn die Religion als Vorwand für eine Tyrannei mißbraucht wird. Darum lege ich so großen Wert darauf, daß Johannes in meiner Erzählung so stark an Jesus, sein Evangelium und an seine Lehren glaubt.»

Die Ethik des Westens ist naturgemäß aus der Religion hervorgegangen. Es stimmt zwar, daß ein Großteil der westlichen Welt eine Trennung von Staat und Religion vorgenommen hat; doch unsere Gesetze erkennen noch immer das mosaische Gesetz an, wenn sie Mord, Diebstahl, Ehebruch verbieten und sich für eine Anerkennung der Eigentumsrechte des einzelnen aussprechen. Auch Gibran erkannte die Überlieferung und das Ethos der Religion an, auch er befürwortete Besonnenheit, Mäßigung, Mut, Gerechtigkeit, Liebe, Barmherzigkeit und Selbstverzicht. Nirgendwo jedoch gibt er eine Antwort auf die Frage: «Ist es möglich, an Gott zu glauben, die Gebote der Religion einzuhalten und eine Erlösung zuzugestehen ohne die Riten der Religion?» An der Fragestellung besteht für ihn allerdings kein Zweifel, was das folgende Gedicht beweist:

O Seele

O Seele, begehrte ich nicht Unsterblichkeit, hätte ich nie
das Lied erlernt, gesungen durch den Kosmos der Zeit.
Ein Selbstmörder wäre ich gewesen, nichts wäre von mir
geblieben als meine Asche, verborgen im Grab.
O Seele, hätten mich nicht Tränen getauft und die Geister
der Krankheit nicht meine Wimpern getuscht, so würde ich das Leben dunkel wie durch einen Schleier gesehen haben.
O Seele, das Leben ist eine Düsternis, die endet wie im
Sonnenglast des Tages.
Die Sehnsucht meines Herzens sagt mir, es ist Frieden im
Grab.
O Seele, wenn ein Narr mir sagt, die Seele verdirbt wie
der Körper und das, was stirbt, kehrt nie wieder, so sage ihm, die Blume verdorrt, doch das Samenkorn bleibt und liegt vor uns wie das Geheimnis des immerwährenden Lebens.

«Frage nicht, was dein Land, für dich tun kann»

Das System der feudalen Abhängigkeit ist heute aus dem politischen und religiösen Leben des Libanon verschwunden. Der Libanon ist nunmehr ein unabhängiges Land mit einem eigenen Präsidenten und einem vom Volk gewählten Parlament. Einige der Erzählungen und Artikel, die Gibran vor mehr als sechzig Jahren geschrieben hat, gehören heute der Geschichte an, andere wiederum haben auch in der jetzigen politischen Situation ihre Gültigkeit behalten. Sie bleiben zeitlos.

An den Wänden vieler amerikanischer Wohnungen hängt eine Erinnerungstafel mit den Worten des ermordeten Präsidenten John F. Kennedy:

> Frage nicht, was dein Land für dich tun kann,
> sondern frage, was du für dein Land tun kannst.

Diese Worte standen bereits in einem Artikel Gibrans, der länger als ein halbes Jahrhundert zurückliegt. Er war an das Volk im Mittleren Osten gerichtet, doch seine Philosophie und Weisheit werden so lange gültig bleiben, wie der Mensch in einer freiheitlichen Gesellschaft lebt.

Neuen Grenzen entgegen

Es herrschen heute im Mittleren Osten zwei herausfordernde Gedanken: ein alter und ein neuer.

Die alten Gedanken werden untergehen, sie sind schwach, sie haben sich erschöpft.

Es gibt im Mittleren Osten ein allgemeines Erwachen, das jeden Schlaf vertreibt. Dieses Erwachen wird siegen, weil die Sonne sein Anführer ist und das Morgengrauen seine Armee.

Auf den Feldern des Mittleren Ostens, die bislang ein riesiger Friedhof waren, steht die Jugend des Frühlings und fordert die Bewohner der Gräber auf, sich zu erheben und neuen Grenzen entgegenzumarschieren.

Wenn der Frühling seine Lieder singt, erheben sich die Toten des Winters, schütteln ihr Leichengewand ab und marschieren vorwärts.

Am Horizont des Mittleren Ostens zeichnet sich ein neues Erwachen ab. Es wächst und weitet sich aus. Es erreicht und umfaßt alle sensiblen, klugen Seelen. Es durchdringt und gewinnt das Wohlwollen edler Herzen.

Der Mittlere Osten von heute hat zwei Herren. Der eine entscheidet, befiehlt, verschafft sich Gehorsam; doch er liegt im Sterben.

Der andere aber gehorcht in stummer Konformität Gesetz und Ordnung, ruhig wartet er die Gerechtigkeit ab. Er ist ein machtvoller Riese und kennt seine Stärke; er hat Vertrauen in seine Existenz und glaubt an sein Schicksal.

Es gibt im Mittleren Osten von heute zwei Menschen: der eine ist der Mann der Vergangenheit, der andere Mann der Zukunft. Welcher von beiden bist du? Tritt näher heran; ich will einen Blick auf dich werfen. Ich will mich deines Äußeren, deiner Haltung versichern. Wissen will ich, ob du zu denen gehörst, die ins Licht gehen oder in die Dunkelheit.

Nun sage mir, wer und was du bist!

Bist du etwa ein Politiker, der fragt, was dein Land für dich tun kann? Oder ein Eifriger, der danach fragt, was er für sein Land tun kann?

Wenn du der erstere bist, so bist du ein Parasit; wenn du der zweite bist, so bist du eine Oase in der Wüste.

Bist du ein Kaufmann und Händler, der sich die Not der Menschen nach dem Lebensnotwendigsten zunutze macht und übermäßigen Profit daraus erzielt? Oder ein ehrlicher, schwerarbeitender und fleißiger Mensch, der zum Handel und Wandel zwischen Weber und Bauer beiträgt? Nimmst du dabei nicht mehr als einen angemessenen Gewinn?

Wenn du der erstere bist, so bist du ein Verbrecher, ob du in einem Palast wohnst oder im Gefängnis haust; wenn du der zweite bist, so bist du ein wohltätiger Mann, ob das Volk dir nun dankt oder ob es dich beschimpft.

Bist du ein religiöser Anführer, der sich für seinen Leib ein Gewand aus der Unwissenheit des Volkes webt, sich eine Krone formt aus der Einfalt der Herzen und vorgibt, den Teufel zu hassen, bloß um von seinem Geld zu leben?

Oder bist du ein frommer und gottesfürchtiger Mann, der in der Gottesfurcht des einzelnen die Grundlage für das Gedeihen eines Volkes sieht und der in der gründlichen Erforschung seiner Seele eine Leiter erkennt, die in die Tiefe der ewigen Seele führt, zum Lenker der Welt?

Wenn du der erstere bist, so bist du ein Ketzer, ein Ungläubiger selbst dann, wenn du fastest bei Tag und betest bei Nacht; wenn du der zweite bist, so bist du ein Veilchen im Garten der Wahrheit, wenn auch nur eines unter vielen.

Bist du ein Journalist, der seine Gedanken und seine Moral auf dem Sklavenmarkt verkauft und vom Elend der Menschen lebt wie der Geier, der sich niederläßt auf verfaulendem Aas?

Oder bist du ein Lehrer auf städtischer Tribüne, der seine Lebenserfahrungen gesammelt hat und sie dem Volk weiterreicht in seiner Rede?

Wenn du der erstere bist, so bist du eine nässende Wunde und ein eiterndes Geschwür; wenn du der zweite bist, so bist du ein Balsam und ein Heilkraut.

Bist du ein Herrscher, der sich vor jenen, die ihn ernennen, selbst erniedrigt und dabei die verunglimpft, die er beherrschen soll; der niemals die Hand hebt, es sei denn, um etwas in die eigene Tasche zu stecken, und der nichts unternimmt, es sei denn aus Habsucht?

Oder bist du ein treuer Diener, der nur dem Wohl seines Volkes dient?

Wenn du der erstere bist, so bist du eine Wicke auf dem Dreschboden des Volkes; wenn du der zweite bist, so bist du ein Segen in seinen Kornkammern.

Bist du ein Ehemann, der sich gestattet, was er seiner Frau verbietet, der, den Schlüssel ihres Gefängnisses im Stiefel, in Hülle und Fülle lebt und sich vollstopft mit seinen Lieblingsspeisen, während sie, allein, vor leerem Teller sitzt?

Oder bist du ein Gefährte, der alles nur Hand in Hand mit ihr unternimmt, der nichts beginnt, ehe sie nicht ihre Gedanken und Ansichten dazu geäußert hat, und der mit ihr sein Glück und seinen Erfolg teilt?

Wenn du der erstere bist, so bist du ein Nachfahre jener Horde, die, in Tierfelle gehüllt, verschwand, ehe sie ihre Höhlen verließ; wenn du der zweite bist, so bist du der Anführer eines Volkes, das durch die Dämmerung dem Licht der Gerechtigkeit und Weisheit entgegengeht.

Bist du ein suchender Autor, voller Selbstbewunderung, den Kopf stets im Tal staubiger Vergangenheit, wo die Zeitalter die Lumpen ihrer Kleider und sinnentleerten Ideen abwerfen?

Oder bist du ein klarer Denker, der untersucht, was gut und nützlich für das Gemeinwesen ist, und sein Leben damit verbringt, das Nützliche zu erbauen, das Schädliche zu zerstören?

Wenn du der erstere bist, so bist du schwach und töricht; wenn du der zweite bist, so bist du Brot den Hungrigen und Wasser den Durstigen.

Bist du ein Dichter, der vor der Tür des Emirs den Tamburin spielt oder Blumen zur Hochzeit streut oder in einer Prozession schreitet, einen Schwamm mit warmem Wasser im Mund, einen Schwamm, den er mit Zunge und Lippen preßt, sobald er auf den Friedhof kommt?

Oder nutzt du die Gabe, die Gott dir in die Hände gelegt hat, um himmlische Melodien zu spielen, Melodien, die unsere Herzen zum Schönen im Leben hinlenken?

Wenn du der erstere bist, so bist du ein Gaukler, der in unseren Herzen das Gegenteil dessen beschwört, was seine Absicht ist; wenn du der zweite bist, so bist du die Liebe in unseren Herzen und eine Vision in unserem Geist.

Es finden sich heute im Mittleren Osten zwei Prozessionen: die eine besteht aus alten Leuten, die mit gebeugten Rücken gehen und sich auf krumme Stöcke stützen; sie sind außer Atem, auch wenn ihr Weg abwärts führt.

Die andere ist ein Zug junger Männer, sie eilen wie auf Flügeln, sie jauchzen, als hätten sie Geigensaiten in der

Kehle; sie überwinden Hindernisse, als zögen Magnete sie bergan, als wären ihre Herzen verzaubert.

Wer von beiden bist du? In welcher Prozession schreitest du?

Frage dich in der Stille der Nacht und besinne dich; geh mit dir selbst ins Gericht und sage, ob du ein Sklave der Vergangenheit bist oder ob du frei bist für die Zukunft.

Ich sage euch, die Kinder verblichener Jahre marschieren im Trauerzug der von ihnen selbstgeschaffenen Zeit. Sie ziehen an einem morschen Seil, das bald reißen wird und sie in einen vergessenen Abgrund stürzen läßt. Ich sage euch, sie wohnen in Häusern mit einem schwachen Fundament; sobald der Sturmwind weht – und er wird bald wehen –, werden ihre Häuser über ihren Köpfen einstürzen und sie begraben. Ich sage euch, all ihre Gedanken, Spruchweisheiten, Streitigkeiten, Kompositionen, ihre Bücher und Werke sind nichts als Ketten, die an ihnen zerren, denn sie sind zu schwach, die Last zu ziehen.

Doch die Kinder der Zukunft ruft das Leben; und sie folgen ihm mit stetem Schritt und erhobenem Haupt; sie sind die aufgehende Sonne des neuen Grenzlandes, kein Rauch wird ihre Augen verschleiern, kein Kettenklirren ihre Stimmen übertönen. Sie sind zwar gering an Zahl, doch sie unterscheiden sich von den übrigen wie das Weizenkorn vom Heuhaufen. Niemand kennt sie, doch sie kennen sich. Sie sind wie Gipel, die einander zu sehen und zu hören vermögen – nicht wie Höhlen, die einander nicht wahrnehmen. Sie sind das von Gottes Hand gesäte Saatkorn, das die Hülse durchbricht und seine Keimblätter im Antlitz der Sonne regt. Zum mächtigen Baum wird es heranwachsen, die Wurzeln im Herzen der Erde, die Zweige in den Himmel gestreckt.

KHALIL GIBRAN

Einsamkeit und Abgeschiedenheit

Das Leben ist eine Insel in einem Ozean von Einsamkeit und Abgeschiedenheit.

Das Leben ist eine Insel, Felsen sind seine Begierden, Bäume seine Träume und Blumen seine Verlorenheit, und es liegt in einem Ozean von Einsamkeit und Abgeschiedenheit.

Dein Leben, mein Freund, ist eine Insel, abgetrennt von all den anderen Inseln und Kontinenten.

Wie viele Boote du auch zu anderen Küsten ausschickst, wie viele Schiffe auch an deiner Küste landen, du selbst bist eine Insel, mein Freund, abgetrennt durch deinen Schmerz, abgeschlossen durch dein Glück, weit abgelegen in deinem Mitleid und verborgen in deinen Geheimnissen und Rätseln.

Ich sah dich, mein Freund, auf einem Berg aus Gold sitzen, glücklich in deinem Wohlstand, mächtig in deinem Reichtum und immer in dem Glauben, eine Handvoll Gold sei das geheime Verbindungsglied, das die Gedanken des Volkes mit deinen Gedanken verbindet und seine Gefühle mit den deinen.

Ich sah dich als machtvollen Eroberer ein Heer gegen eine Festung führen, sie zerstören und einnehmen.

Und als ich näher hinsah, fand ich neben der Mauer deiner Schatzkammer ein in Einsamkeit und Abgeschiedenheit zitterndes Herz, so wie ein Durstiger in einem mit

Gold und Juwelen besetzten Käfig zittert, doch er ist ohne Wasser.

Ich sah dich, mein Freund, auf einem Thron sitzen, umgeben von Männern, die deine Mildtätigkeit priesen, deine Gaben aufzählten, die auf dich schauten, als weilten sie in der Gegenwart eines Propheten, der ihre Seelen zu den Planeten und Sternen erhob. Ich sah, wie du sie anblicktest, Zufriedenheit und Stärke im Gesicht, ganz so, als wärest du für sie, was die Seele für den Körper ist.

Und als ich genauer hinschaute, sah ich dein abgesondertes Ich neben dem Thron stehen, ich sah es in seiner Abgeschiedenheit leiden, in seiner Einsamkeit zittern. Ich sah dieses Ich die Hände ausstrecken, als bettle es unsichtbare Geister an. Ich sah es über die Schultern der Leute schauen mit einem auf den Horizont gerichteten Blick, in dem nichts zu lesen war als Einsamkeit und Abgeschiedenheit.

Ich sah dich, mein Freund, leidenschaftlich verliebt in eine schöne Frau; du bedecktest ihre Hände mit Küssen, und sie betrachtete dich mit Wohlwollen und Zuneigung in den Augen und dem sanften Hauch der Mutterschaft auf den Lippen; insgeheim sagte ich mir, diese Liebe hat seine Einsamkeit ausgelöscht und seiner Abgeschiedenheit ein Ende gesetzt, und er ist jetzt umfangen von der ewigen Seele, die jene liebevoll an sich zieht, die vorher getrennt waren durch Einsamkeit und Abgeschiedenheit.

Und als ich näher hinschaute, erblickte ich hinter deiner Seele eine zweite, eine einsame Seele, die wie ein Nebel war und vergeblich versuchte, eine Träne in der Hand jener Frau zu werden.

Dein Leben, mein Freund, ist eine Wohnstatt, weit entfernt von allen anderen Wohnstätten und Nachbarn.

Die innere Seele ist eine Wohnstatt, weit entfernt von anderen nach dir genannten Wohnstätten. Ist diese Wohnung dunkel, so kannst du sie nicht mit der Lampe deines Nachbarn erhellen; wenn sie leer ist, kannst du sie nicht mit dem Reichtum deines Nachbarn füllen; läge sie inmitten einer Wüste, du könntest sie nicht in einen von fremder Hand angelegten Garten versetzen.

Deine innerste Seele, mein Freund, ist von Einsamkeit und Abgeschiedenheit umgeben. Wenn es diese Einsamkeit und Abgeschiedenheit nicht gäbe, wärst du nicht du und ich nicht ich. Wenn es diese Einsamkeit und Abgeschiedenheit nicht gäbe, so würde ich beim Klang deiner Stimme denken, ich spräche mit mir selbst, und wenn ich dein Antlitz sähe, würde ich glauben, ich schaute in einen Spiegel.

Das Meer

In der Stille der Nacht,
Wenn der Mensch hinter der Hürde schläft,
Verkündet der Wald:
«Ich bin die Kraft,
Von der Sonne
Aus dem Schoß der Erde gezeugt.»
Das Meer bleibt stumm und sagt im stillen:
«Ich bin die Kraft.»

Der Felsen sagt:
«Die Zeitalter haben mich errichtet
Als ein Denkmal bis zum Jüngsten Tag.»
Das Meer bleibt stumm und sagt im stillen:
«Ich bin das Denkmal.»

Der Wind heult:
«Ich bin stark,
Ich trenne die Himmel von der Erde.»
Das Meer bleibt stumm und sagt im stillen:
«Der Wind ist mein.»

Der Strom sagt:
«Ich bin der klare Quell,
Der den Durst der Erde stillt.»

Das Meer bleibt stumm und sagt im stillen:
«Der Strom ist mein.»

Der Bergesgipfel sagt:
«Ich stehe wie ein Stern
Inmitten des Himmels.»
Das Meer bleibt stumm und sagt im stillen:
«Der Gipfel ist mein.»

Das Gehirn sagt:
«Ich herrsche,
Die Welt gehört den Herrschenden.»
Das Meer in seinem Schlaf, in seinem Schlummer spricht:
«Alles ist mein.»

Eine Handvoll Sand

Wenn du deinem Nachbarn dein Leid klagst, schenkst du ihm einen Teil deines Herzens. Wenn er eine großmütige Seele besitzt, wird er dir danken. Wenn er eine kleinmütige besitzt, wird er dich herabsetzen.

Der Fortschritt korrigiert nicht bloß die Vergangenheit; er bewegt sich auf die Zukunft zu.

Ein hungriger Wilder pflückt eine Frucht vom Baum und ißt sie; ein hungriger Zivilisierter kauft sie von einem Mann, der sie von dem Mann kauft, der sie pflückt.

Kunst ist ein Schritt vom Sichtbaren und Bekannten zu dem, was unsichtbar und unbekannt ist.

Wenn die Erde atmet, leben wir; wenn sie ihren Atem anhält, sterben wir.

Das Auge des Menschen ist ein Vergrößerungsglas; es zeigt ihm die Erde viel größer, als sie ist.

Ich meide Menschen, die Anmaßung, Unerschrockenheit und Empfindlichkeit für Feigheit halten. Und ich meide diejenigen, die Geschwätz, Weisheit und Schweigen für Unwissenheit halten.

Es heißt: Wenn du einen Sklaven schlafen siehst, wecke ihn nicht, er könnte von der Freiheit träumen.
Darauf pflege ich zu antworten: Wenn du einen Sklaven schlafen siehst, wecke ihn und erkläre ihm die Freiheit.

Widerspruch ist ein niederer Grad von Intelligenz.

Mut ist ein Vulkan; die Saat des Zauderns wächst nicht auf seinem Kraterrand.

Die Ströme fließen weiterhin zum Meer, ob das Mühlenrad gebrochen ist oder nicht.

Je größer deine Freude oder deine Sorge ist, desto kleiner ist die Welt in deinen Augen.

Gelehrsamkeit nährt zwar das Saatkorn, doch sie schenkt dir kein eigenes Saatkorn.

Ich gebrauche den Haß als Waffe, um mich zu schützen; wäre ich stark, so hätte ich diese Waffe nicht nötig.

Es gibt Mörder, die nie einen Mord begangen haben, Diebe, die nie etwas gestohlen haben, und Lügner, die nie etwas anderes als die Wahrheit gesprochen haben.

Mit einer Weisheit, die keine Tränen kennt, mit einer Philosophie, die nicht zu lachen versteht, und einer Größe, die sich nicht vor Kindern verneigt, will ich nichts zu tun haben.

O allmächtiges intelligentes Wesen, verborgen und dennoch im All, für das All existierend, du vermagst mich zu hören, weil du in mir bist; du vermagst mich zu sehen, weil du alles siehst; ich bitte dich, laß den Samen deiner Weisheit in meine Seele fallen, damit ich zu einem Schößling heranwachse in deinen Wäldern und trage deine Frucht. Amen!

Worte des Bachs

Ich ging durchs Tal, als der dämmernde Morgen
das Geheimnis der Ewigkeit verhieß;
Es sang ein Bach in seinem Lauf, rief und sprach:
Das Leben ist nicht nur ein Vergnügen;
Das Leben ist Verlangen und Entschluß.
Weisheit steckt nicht in Worten,
Weisheit steckt in der Bedeutung der Worte.
Größe liegt nicht in gehobener Stellung,
Groß ist der, der diese Stellung verweigert.

Ein Mensch wird nicht durch seine Ahnen geadelt;
Wie viele Adlige sind Söhne von Mördern?

Nicht jeder, der Ketten trägt, ist unterjocht;
Bisweilen ist eine Kette mehr als ein Halsschmuck.

Das Paradies liegt nicht in der Reue;
Das Paradies liegt in einem reinen Herzen.

Nicht Folter ist die Hölle;
Die Hölle ist ein leeres Herz.

Reichtum besteht nicht nur aus Geld;
Wie viele Pilger waren die Reichsten von allen!

Nicht alle Armen sind zu verachten;
Der Reichtum der Welt steckt in einem Laib Brot,
in einem Mantel.

Schönheit gleicht nicht einem Antlitz;
Schönheit gleicht einem Licht in der Brust.

Vollkommenheit ist nicht allein die Tugend jener,
die reinen Herzens sind,
Es gibt auch Tugend in der Sünde.

Das alles sagte der Bach zu den Bäumen am Ufer;
Vielleicht floß in seinem Murmeln ein Geheimnis
des Meeres dahin.

Um Himmels willen, mein Herz!

Um Himmels willen, mein Herz, hüte das Geheimnis
deiner Liebe und verbirg es vor denen, die du siehst,
so wird es dir wohl ergehen.
Wer sein Geheimnis verrät, gilt als Narr;
Schweigen und Verschlossenheit geziemen dem
Verliebten besser.

Um Himmels willen, mein Herz, antworte nicht,
wenn jemand dich fragt: «Was ist geschehen?»
Wirst du gefragt: «Wer ist es?» –
So sage, sie liebt einen andren,
und täusche Gleichgültigkeit vor.
Um Himmels willen, meine Liebe, verbirg deine
Leidenschaft; was dich krank macht, läßt dich auch
genesen, denn die Liebe erscheint der Seele wie Wein
im Glas – man sieht nur die Flüssigkeit, der Geist ist
verborgen.
Um Himmels willen, mein Herz, verbirg deinen
Kummer; dann wirst du geborgen sein, wenn die
Meere auch tosen und die Himmel stürzen.

Das Rotkehlchen

O Rotkehlchen, sing, denn die Rätsel aller Zeiten
jubeln in deinem Lied.

Ich wünschte, ich wäre wie du – frei
von Kerkern und Ketten.

Ich wünschte, ich wäre wie du, eine Seele,
die über die Täler fliegt
Und Licht trinkt, wie Wein getrunken wird
aus zartem Kelch.

Ich wünschte, ich wäre wie du, unschuldig,
zufrieden und heiter,
Ohne Kenntnis des Morgen, ohne Kunde von der
Vergangenheit.

Ich wünschte, ich wäre wie du, Schönheit, Anmut,
Biegsamkeit,
Und der Wind streckte meine Flügel weit
für die Perle des Taus.

Ich wünschte, ich wäre wie du, ein Gedanke,
schwebend über dem Land,
Und verströmte meine Lieder zwischen Waldesgrün
und Himmelsblau.

O Rotkehlchen, sing und vertreibe meine Ängste.
Ich lausche der Stimme, die in deiner Stimme spricht; sie flüstert mir ins geheimste Ohr.

Die größere See

Meine Seele und ich gingen an die große See, um zu baden. Als wir an die Küste kamen, hielten wir Ausschau nach einem stillen und heimlichen Platz. Dabei stießen wir auf einen Mann, der auf einem grauen Felsen saß, Salz aus einem Sack nahm und es ins Meer warf.

Das ist der Pessimist, sagte meine Seele, laß uns den Ort verlassen. Hier können wir nicht baden.

Wir wanderten weiter und kamen an eine Bucht, wo wir einen Mann sahen, der auf einem weißen Felsen stand und aus einer juwelenbesetzten Schatulle Zucker in die See warf.

Das ist der Optimist, sagte meine Seele, auch er soll unsere nackten Körper nicht sehen.

Wir wanderten weiter und sahen einen Mann, der am Strand tote Fische auflas und sie behutsam wieder ins Wasser warf.

Auch vor diesem können wir nicht baden, sagte meine Seele, das ist der humane Philanthrop.

Wir gingen weiter.

Dann sahen wir einen Mann, der seinem Schatten im Sand folgte. Die großen Wellen kamen und löschten den Schatten aus, aber der Mann folgte ihm weiter, immerzu.

Das ist der Mystiker, sagte meine Seele, gehen wir weiter.

Wir gingen weiter, bis wir in einer stillen Bucht einen

Mann sahen, der den Schaum vom Wasser abschöpfte und in eine Alabasterschale schloß.

Das ist der Idealist, sagte meine Seele, der darf unsere Nacktheit gewiß nicht sehen.

Wir gingen weiter. Plötzlich hörten wir eine Stimme: Die See! Die unendlich gewaltige See! – Als wir näherkamen, sahen wir einen Mann, der mit dem Rücken zur See dem Rauschen einer Muschel lauschte.

Meine Seele sagte: Gehen wir weiter. Das ist der Realist, der dem Ganzen, das er nicht fassen kann, den Rükken kehrt und sich mit Stückwerk aufhält.

So gingen wir weiter. In einer felsigen Wildnis sahen wir einen Mann, der seinen Kopf in den Sand eingegraben hatte. Da sagte ich zu meiner Seele: Hier können wir baden, er kann uns nicht sehen.

Nein, sagte meine Seele, das ist der Übelste von allen, der Puritaner.

Da wurde meine Seele sehr traurig und sagte:

Gehen wir fort von hier. Hier gibt es keinen stillen und heimlichen Platz, wo wir baden könnten. Dieser Wind soll nicht durch mein goldenes Haar und über meine weiße Brust streichen, dieses Licht soll nicht meine heilige Nacktheit entblößen.

So verließen wir die See, um nach der größeren See zu suchen.

Sieben Tadel

Ich tadelte meine Seele siebenmal.

Das erste Mal, als ich versuchte, mich
auf Kosten der Schwachen zu erhöhen.

Das zweite Mal, als ich vor Verkrüppelten
zu hinken vorgab.

Das dritte Mal, als ich, vor die Wahl gestellt,
das Leichte dem Schweren vorzog.

Das vierte Mal, als ich einen Fehler beging
und mich mit den Fehlern der anderen tröstete.

Das fünfte Mal, als ich, aus Furcht gefügig geworden,
behauptete, groß in der Geduld zu sein.

Das sechste Mal, als ich meine Kleider hob,
um dem Schmutz des Lebens zu entgehen.

Das siebente Mal, als ich Gott mit Hymnen pries
und meinen Gesang für Tugend hielt.

In einem von der Geschichte nicht verzeichneten Jahr

In diesem Augenblick tauchte hinter dem Weidenbaum ein schönes Mädchen auf, dessen Haar bis zum Erdboden herabreichte. Sie blieb neben dem schlafenden Jüngling stehen und berührte seine zarte Braue mit ihrer seidensanften Hand.

Er schaute sie mit schläfrigen Augen an, ganz so, als sei er von den Strahlen der Sonne erwacht.

Als er gewahrte, daß die Tochter des Emirs neben ihm stand, fiel er auf die Knie wie Moses, als er den brennenden Dornbusch erblickte.

Er versuchte zu sprechen. Die Stimme versagte ihm den Dienst, statt dessen traten ihm Tränen in die Augen.

Das junge Mädchen umarmte ihn und küßte seine Lippen; dann küßte sie seine Augen und trocknete seine reichlich fließenden Tränen mit ihren Küssen.

Mit einer Stimme, säuselnder als der Wind im Schilf, sprach sie: «Ich sah dich, mein Geliebter, im Traum; ich erblickte dein Antlitz in meiner Einsamkeit. Du bist der verlorene Trost meiner Seele und die bessere Hälfte, von der ich getrennt wurde, als man mich kommen hieß in diese Welt.

Ich bin heimlich hierhergekommen, Liebster, um bei dir zu sein. Hab keine Angst, du liegst jetzt in meinen Armen. Ich verließ den Prunk, mit dem sich mein Vater umgibt, und bin hierhergekommen, um dir bis ans Ende der Welt zu folgen und mit dir den Kelch des Lebens und des Todes zu leeren.

Komm, Liebster, laß uns in die Wildnis ziehen, fern von aller Zivilisation.»

Und die Liebenden schritten in den Wald, in die Dunkelheit der Nacht, ohne den Emir und die Geister der Finsternis zu fürchten.

JOSEPH SHEBAN

Die Frauen in Gibrans Leben

Gibrans Mutter Kamileh

Gibran war sich des Einflusses von Frauen auf sein Leben wohl bewußt. Er schrieb einmal: «In allem, was mein eigentliches Ich ausmacht, bin ich seit meinen Kindertagen Frauen zu Dank verpflichtet. Es waren Frauen, die die Fenster meiner Augen öffneten und die Türen meines Geistes. Wären nicht die Frauen in Gestalt meiner Mutter, meiner Schwester, einer Freundin gewesen, ich zählte heute zu denjenigen, die die Heiterkeit der Welt mit ihrem Schnarchen stören.»

Es gab, wie seine Biographen übereinstimmend berichten, zahlreiche Frauen in Gibrans Leben.

Gibrans Mutter war durch Umstände, die ihr Leben bestimmten, von besonderer Bedeutung für ihn. Nach ihrer ersten Heirat wanderte sie mit ihrem Mann nach Brasilien aus; der Mann erkrankte, starb und ließ sie mit ihrem Sohn Peter zurück. Die Mutter kehrte daraufhin wieder in das Haus ihres Vaters Stephen Rahmy, eines maronitischen Priesters, zurück.

Der Mann, der Gibrans Vater werden sollte, hörte sie eines Tages im Garten ihres Vaters singen, er verliebte sich in sie, und alsbald heirateten sie.

Khalil Gibran wurde am 6. Dezember 1883 geboren, ihm folgten die Schwestern Mariana und Sultana. Die

Mutter unterrichtete sie in Musik, Arabisch und Französisch. Als die Kinder älter wurden, erhielten sie einen Hauslehrer für Englisch. Anschließend schickte man sie in städtische Schulen.

Sie wurden oft in die Kirche mitgenommen, wo ihr Großvater, ein fähiger Priester, die Messe zelebrierte und predigte. In der maronitischen Kirche nimmt die Gemeinde an gewissen Zeremonien teil, man singt syrisch, in der Sprache Christi. Die Wirkung dieser maronitischen Zeremonien hat Gibran ein Leben lang beeinflußt. In einem Brief aus späteren Jahren gestand er der Kirche seinen Dank.

Die religiöse Neigung von Gibrans Mutter, ihre schöne Stimme, die er in der Kirche hörte, und die religiöse Atmosphäre der Familie formten Gibrans Charakter. Die Nachwirkung wird in Gibrans Buch «Jesus Menschensohn» deutlich.

Als Gibran zwölf Jahre zählte, war sein Halbbruder Peter achtzehn. Er war also alt genug, um ein Leben auf eigenen Füßen zu beginnen; und wie bei allen Libanesen, die seit Jahrtausenden das Meer beherrschten, galt auch seine Sehnsucht Amerika.

Gibrans Mutter wollte die Kinder nicht trennen; sie brachte Peter, Khalil und die beiden Mädchen nach Boston. Khalils Vater protestierte dagegen, denn er besaß große Ländereien, zog für die Regierung Steuern ein und betätigte sich während der Saison als Viehhändler. Doch die Märchen aus Amerika – daß dort die Straßen mit Gold gepflastert seien und die Aussicht auf schnell erworbenen Reichtum bestünde – überwältigten Peter. Nur Khalils blonder, blauäugiger Vater blieb im Libanon zurück.

Einige Biographen Gibrans wissen nicht, daß ein Viehhändler im Mittleren Osten in Wirklichkeit ein Schafhändler ist, denn Schafe führt der Libanon aus Syrien, dem Irak, ja manchmal sogar aus der Türkei ein. Der Import von Schafen aus der Türkei ist, da es damals keine Lastkraftwagen und fast keine Eisenbahnverbindungen gab und da es an Futter und Wasser mangelte, in der Tat ein härteres und gewagteres Unternehmen als in den USA. Khalils Biographen schrieben daher in ihrer Verwirrung, daß sein Vater ein Schäfer gewesen sei.

In Boston eröffnete Peter einen Kolonialwarenhandel, während die übrigen Geschwister auf die Schule geschickt wurden. Mit vierzehn entschloß sich Khalil, in den Libanon zurückzukehren, um seine Ausbildung im Arabischen zu vollenden. Seine Mutter gewahrte das Talent und den Ehrgeiz des Sohnes; sie erklärte ihr Einverständnis mit seiner Rückkehr nach Beirut, wo er das College Al Kikmat besuchte.

Gibran war fünf Jahre an dieser Lehranstalt; den Sommer verbrachte er in der Nähe der Zedern, oder er reiste mit seinem Vater durch Arabien. Danach bereiste er Griechenland, Italien und Spanien; schließlich ging er nach Paris, um dort bildende Kunst zu studieren. Das war in den Jahren 1901 bis 1903.

Der Tod seiner jüngeren Schwester und die Erkrankung seiner Mutter ließen ihn nach den Vereinigten Staaten zurückkehren. Seine Mutter blieb fünfzehn Monate lang bettlägrig, bis sie starb. Während dieser Zeit starb auch sein Halbbruder Peter. Das war der härteste Schlag in Gibrans Leben. Die Familie hielt untereinander sehr zusammen und hatte große Opfer für seine Ausbildung auf sich genommen.

Mariana überlebte wundersamerweise die Tuberkulose, die die Familie dezimiert hatte. Gibrans Gefühle gegenüber seiner Mutter finden beredten Ausdruck in seinem Buch «Gebrochene Schwingen»:

«Die Mutter ist alles im Leben; ein Trost in den Zeiten der Sorge, eine Hoffnung in den Zeiten des Kummers, eine Kraft in den Augenblicken der Schwäche. Sie ist eine Quelle des Mitleids, der Geduld und der Nachsicht. Wer seine Mutter verliert, verliert eine Brust, an die er seinen Kopf betten kann, eine Hand, die ihn segnet, ein Paar Augen, die über ihn wachen.»

Micheline

Ein Biograph behauptet, Gibran habe in Boston ein sehr schönes, lebhaftes Mädchen namens Emilie Michel, oder kurz Micheline, kennengelernt. Er behauptet auch, Micheline sei Gibran nach Paris gefolgt, habe ihn um die Ehe gebeten und sei, als er ablehnte, für immer aus seinem Gesichtskreis verschwunden. Manche Biographen übernehmen diese Geschichte, andere nennen das Mädchen nicht namentlich. Als Beweis für die Existenz Michelines werden zwei Dinge angeführt: einmal, Gibran habe sie vor seinem Weggang von Paris gemalt; zum anderen, er habe Micheline eines seiner Bücher gewidmet.

Ich habe besondere Anstrengungen unternommen, um die Existenz dieses schönen Mädchens festzustellen. Ich habe das Gibran-Museum im Libanon aufgesucht und den Kurator gebeten, mir das Gemälde Michelines zu zeigen. Er wies auf eines der an der Wand hängenden Bilder und sagte: «Das gilt als eine Darstellung Michelines.»

Das Gemälde liefert keinerlei Hinweis für die Identität Michelines; es stammt nicht einmal von Gibrans Hand. Ich konnte auch keinen Briefwechsel zwischen Gibran und Micheline nachweisen.

Die Nachdrucke von Gibrans arabischen Büchern enthalten, wie bereits erwähnt, keine Angaben über die Erstausgaben und keine Widmungen. Nach langen Nachforschungen stieß ich jedoch auf einige Exemplare früher Ausgaben mit Widmungen; unter ihnen befand sich allerdings keines, das Micheline gewidmet war.

Eine der entdeckten Widmungen lautet folgendermaßen: «Der Seele, die meine Seele umschlang, dem Herzen, das seine Geheimnisse dem meinen anvertraute, der Hand, die die Flamme meiner Gefühle entfachte, widme ich dieses Buch.»

In Paris lebte Gibran mit einem engen Freund zusammen: Joseph Hoyek, der ein Buch über die beiden gemeinsamen Jahre schrieb. Die beiden jungen Männer bewohnten nicht dieselbe Wohnung, aber sie trafen sich täglich und teilten sich oft aus Sparsamkeitsgründen die Kosten für ein Modell. Hoyek schrieb über die Mädchen, die sie kennenlernten, über die Restaurants, in denen sie aßen. Er erwähnt Olga, eine Russin, ein zweites Mädchen namens Rosina und eine Italienerin, das schönste Modell, das sie jemals gehabt hätten; doch Hoyek erwähnt keine Micheline.

Ich muß darum die Behauptung, daß Micheline existiert hat, bezweifeln, bis neue Beweise vorliegen.

1904 lieh sich Gibran zwanzig Dollar und veranstaltete eine Ausstellung seiner Gemälde. Eine der Besucherinnen dieser Ausstellung war eine gewisse Mary E. Haskell, die seine Freundin wurde. Sie bezahlte ihm die Reise nach Paris, um sein Kunststudium zu fördern. Ein Biograph teilt mit, daß Gibran sie bat, seine Manuskripte zu überprüfen, bevor er sie bei seinem Verleger einreichte.

Gibrans Roman «Gebrochene Schwingen» ist M. E. H. gewidmet. Doch Gibrans Nachlaßverwalter behauptet, die Frau, die Gibran finanziell unterstützt habe, sei eine vermögende Frau namens Mary Khoury gewesen. Der Vermögensverwalter war der persönliche Arzt Mary Khourys und hatte in ihrer Wohnung verschiedene Gemälde und Statuen Gibrans gesehen; auf eine von ihnen hatte Gibran in arabischer Sprache geschrieben: «Beschimpfe nie jemand wegen des Trinkens, es könnte sein, daß er etwas Ernsthafteres als das Trinken vergessen will.» Der Arzt berichtet weiter, sie, Mary Khoury, habe einer Veröffentlichung ihrer Briefe von Gibran zugestimmt. Ferner behauptet er, diese Briefe seien einem Freund zur Veröffentlichung übergeben worden; aber sowohl der Freund als auch Mary Khoury seien inzwischen gestorben. Auf diese Weise sollen die Briefe und die Gemälde in unbekannte Hände gefallen sein.

Nach Angaben von Mary Khoury verbrachte Gibran in seinen späteren Jahren zahlreiche Abende in ihrer Wohnung.

Die Existenz der von Gibran an Mary Khoury gerichteten Briefe wird auch unabhängig davon von einem zuverlässigen libanesischen Reporter bestätigt; er erklärte, er habe einige der Briefe gelesen, und Mary Khoury habe versprochen, sie zur Veröffentlichung freizugeben. Als ich den Reporter fragte, ob es sich dabei um Geschäfts- oder Liebesbriefe gehandelt habe, erwiderte er, es seien Liebesbriefe gewesen.

Dennoch bleibt das Rätsel um die Wohltäterin in Khalil Gibrans Leben bestehen. War es Mary Haskell oder Mary Khoury, oder waren es beide?

Barbara Young

Barbara Young kannte Gibran in den letzten sieben Jahren seines Lebens; während dieser Zeit wurde sie zu seiner Schülerin, zur ersten, die laut sein Lob in einer Biographie verkündete. Ihr Werk heißt «Der Mann aus dem Libanon».

«Wenn er, Gibran, nie ein Gedicht geschrieben oder ein Bild gemalt hätte, so stünde sein Namenszug dennoch unauslöschlich auf der Seite der ewigen Annalen. Die Kraft seines individuellen Bewußtseins hat das Bewußtsein des Zeitalters durchdrungen, und sein Geist ist weder der Zeit noch der Vergänglichkeit unterworfen. Das ist Gibran», urteilt Barbara Young.

Im Jahr 1923 hatte sie an einer Lesung aus dem «Propheten» teilgenommen. Sie schrieb ihm zum Zeichen ihrer Bewunderung. Als Antwort darauf erhielt sie von ihm «eine freundliche Einladung in sein Studio, ‹um über Dichtung zu sprechen› und seine Gemälde zu betrachten.»

«Also fuhr ich hin», lesen wir in ihrer Biographie, «in das alte Gebäude in der Zehnten Straße im New Yorker Westen, stieg die vier Treppen hinauf, und da saß er, lächelnd, und begrüßte mich, als wäre ich eine alte Bekannte.»

Barbara war größer als Gibran, sie war schlank und attraktiv. Ihre Familie stammte aus Bideford in der englischen Grafschaft Devon. Eigentlich war sie Englischlehrerin, doch inzwischen leitete sie eine Buchhandlung; nachdem sie die vier Treppen erstiegen hatte, hielt sie für den Rest ihres Lebens Vorträge über Gibran. Nach seinem Tod sammelte sie die Kapitel des nicht abgeschlossenen Werkes «Garten des Propheten» und bereitete dessen Herausgabe vor.

Barbara Young, wie andere Biographen auch, beschreibt Gibran als schlank, von mittlerem Körpermaß (er war einssechzig), mit großen, schläfrigen, braunen Augen, langen Wimpern, kastanienbraunem Haar und einem üppigen Bart über den vollen Lippen. Sein Körper war kräftig, sein Händedruck männlich. In einigen seiner Briefe erwähnt er, sein Herzschlag werde wieder normal.

Barbara Young saß an seiner Seite, als er im Krankenhaus starb. Bald darauf packte sie die Gemälde und alle anderen Hinterlassenschaften in dem Studio, das er achtzehn Jahre lang bewohnt hatte, zusammen und schickte sie in seine Heimatstadt Becharré im Libanon.

Während ihrer Vortragsreisen stellte sie über sechzig Gemälde von seiner Hand aus. Was aus dieser Sammlung, aus allen unvollendeten Arbeiten, Manuskripten und Briefen, die sie besaß, wurde, hängt von der Großzügigkeit all derer ab, die seinen Nachlaß kauften, geschenkt bekamen oder erbten. Solange sie nicht wieder ans Tageslicht kommen, wird es keine vollständige Gibran-Biographie geben, insbesondere nicht für jenen Teil, der mit Barbara Young zusammenhängt.

Wie eng die Verbindung während dieser sieben Jahre war, läßt sich teilweise aus Auszügen von Barbara Youngs eigenen Arbeiten ersehen.

Sie lebte nicht mit ihm zusammen, sondern besaß eine eigene Wohnung in New York. Eines Sonntags, schreibt sie, habe sie seine Einladung angenommen und ihn in seinem Studio besucht. Er war gerade dabei, ein Gedicht zu schreiben; er saß, als sie ins Zimmer trat, am Schreibtisch. Beim Dichten pflegte er stets auf und ab zu gehen; nur wenn er ein oder zwei Zeilen niederschrieb, setzte er sich.

«Ich wartete, während er abwechselnd schrieb und hin und herlief. Da kam mir ein Gedanke. Als er wieder hin und herzulaufen begann, setzte ich mich an den Schreibtisch und nahm den Bleistift. Als er sich umdrehte, sah er mich dasitzen.

«Du dichtest und ich schreibe», sagte ich.

Nach reichlichem Protest willigte er in einen Versuch ein. Das Experiment schien ihm zu gefallen.

«Ja, wir sind zwei Dichter und arbeiten zusammen.» Er schwieg. Dann, nach einer Pause, sagte er: «Wir sind Freunde. Ich will nichts von dir, und du willst nichts von mir. Wir teilen das Leben miteinander.»

In dem Maße, wie sie nun zusammenarbeiteten und sie mit seiner Denk- und Arbeitsweise vertraut wurde, gestand sie ihm ihren Entschluß, ein Buch über ihn zu schreiben. Gibran willigte freudig ein, und «seitdem sprach er oft über seine Kindheit, seine Mutter, seine Familie, über Ereignisse seines Lebens.»

Eines Tages fragte Gibran: «Nimm einmal an, man würde dich zwingen, alles aufzugeben – alle Wörter, die du kennst, zu vergessen, bis auf sieben – welche sieben Wörter würdest du dir merken?»

«Ich nannte nur fünf», schreibt Barbara Young: «Gott, Leben, Liebe, Schönheit, Erde, und fragte ihn, welche Worte er zusätzlich wählen würde; er erwiderte: ‹Die wichtigsten Worte sind du und ich; ohne diese zwei gäbe es keine anderen.› Dann zählte er seine sieben Wörter auf: ‹Du, ich, Leben, Gott, Liebe, Schönheit, Erde.›

Gibran liebte eine einfache Mahlzeit in seinem Studio, besonders in der Zeit, als er berühmt war und gefeiert wurde. An diesem Abend sagte er: ‹Es gibt im Orient eine Sitte, nach der alle aus einem großen Kessel essen. Essen wir unsere Suppe heute abend aus einem Topf.› Das taten wir. Gibran zog schmunzelnd eine unsichtbare Linie durch die Suppe und sagte: ‹Das ist deine Hälfte, und das ist meine. Paß auf, daß keiner von uns in die Hälfte des anderen gerät!› Darauf folgte Gelächter, und jeder genoß die ihm zugewiesene Hälfte der Suppe.»

In einem anderen Kapitel schreibt sie: «Eines Abends, als wir an dem Buch ‹Sand und Schaum› arbeiteten, stapelte ich Kissen auf dem Fußboden und setzte mich darauf, anstatt wie sonst auf meinen Stuhl. Ich hatte dabei ein merkwürdiges Gefühl der Vertrautheit und sagte: ‹Mir kommt es vor, als hätte ich schon oft so neben dir gesessen – dabei stimmt es gar nicht.› Und Gibran erwiderte: ‹Wir haben so vor tausend Jahren gesessen und werden in tausend Jahren wieder so sitzen.›

Während der Niederschrift seines Buches ‹Jesus Menschensohn› war der dramatische Effekt mancher Ereignisse bisweilen so stark, daß ich die Dinge glaubte körperlich zu spüren; darum sagte ich: ‹Es ist so real. Als wenn ich dabeigewesen wäre.› Und seine Antwort war fast wie ein Schrei: ‹Du bist dabeigewesen. Und ich auch!›»

An dieser Stelle ist der Hinweis angebracht, daß sich

Barbara Young und der Verfasser dieser Zeilen zwei Jahre nach Gibrans Tod in Cleveland getroffen haben. Sie fragte mich: ‹Wie lange braucht man, um Arabisch zu lernen?› Ich erklärte ihr, daß man, wolle man Gibrans Werke übersetzen, viele Jahre brauche, um das klassische Arabisch zu beherrschen. Nur Arabisch zu sprechen, sei eine andere Sache; auf jeden Fall sei das Arabische eine schwierige Sprache. Ich bereitete mich damals gerade auf mein juristisches Abschlußexamen vor, und ich hatte weder Interesse daran, Arabischunterricht zu geben noch ein Buch über Gibran zu schreiben.

Barbara Young erzählte mir auch, daß Gibran jedesmal, wenn er eine Hand malte, die ihre malte. Die berühmteste Hand, die er je gemalt hat, ist eine Hand, die ein Auge in der Innenfläche zeigt. Dieses Gemälde stellt die phönizische Göttin Tanit dar. Zu Ehren dieser Göttin gibt es im Libanon zwei Städte, die Eyetanit, Auge Tanits, heißen.

Dem Symbol des in der Handfläche geborgenen Auges begegnen wir im nordafrikanischen Karthago; Gibrans Vorfahren, die Phönizier, haben es dorthin gebracht. Eine geschnitzte Hand der Göttin Tanit ließen die Phönizier auch in Alabama zurück, lange vor der Ankunft Kolumbus'.

Hat Gibran eine dieser Hände im Libanon gesehen? War die Ähnlichkeit des Symbols mit seinem Bild ein Zufall, oder sind Gibran und Barbara Young dabeigewesen, als die Tempel der Göttin Tanit im Libanon und in Karthago weit vor der Geburt Christi gebaut wurden?

Barbara Young berichtet von einem Besuch junger Frauen bei Gibran; bei dieser Gelegenheit fragte ihn eine der Besucherinnen, warum er nicht heirate. «Ja, wissen

Sie, das ist folgendermaßen. Wenn ich eine Ehefrau hätte, so würde ich sie, wenn ich male oder dichte, manchmal tagelang vergessen. Und Sie wissen wahrscheinlich sehr wohl, daß keine liebende Frau einen solchen Mann auf die Dauer ertragen würde.»

Eine der Frauen war nicht zufrieden mit dieser lächelnd gegebenen Antwort und bohrte tiefer. «Aber sind Sie denn niemals verliebt gewesen?» Er beherrschte sich nur mit Mühe und erwiderte: «Ich will Ihnen etwas verraten, was Sie vielleicht nicht wissen. Die schöpferischen Menschen, die Dichter, Bildhauer, Maler, Musiker, sind die liebesfähigsten Menschen auf dieser Welt, seit je. Die Liebe stellt für sie eine herrliche und erhebende Gabe dar. Die Liebe ist immer schön, und sie ist stets scheu.»

Den folgenden Abschnitt aus Barbara Youngs Buch zitieren wir ohne Kommentar; wir überlassen es danach dem Leser, diese Frau in Gibrans Leben einzuordnen.

«Es ist stets angebracht, sich vor der aus dem Nichts auftauchenden Frau zu hüten, die nach dem Tod eines großen Mannes erscheint und ihn für sich beansprucht. Doch wenn es eine Frau gibt, die niemals ‹Herr, Herr!› sagt, die vielmehr schweigend ihre Arbeit tut, kann es dann nicht sein, daß dies die Hände waren, die ihm wirklich dienten, daß dies das Herz war, das die Feinheiten seines nach Myriaden zählenden Wesens wahrnahm? Ich für meinen Teil bezweifle nicht, daß in den turbulenten Lebensjahren dieses Mannes der zeitlose und universelle Schrei nach weiblichem Trost aus seiner großen Einsamkeit erklang und daß dieser Schrei durch die Güte Gottes seine Antwort fand. Einen anderen Schluß zu ziehen, wäre reine Torheit.»

Man hatte Miriana, die ältere Schwester Gibrans, bei der Auswanderung der Familie nicht nach ihrer Meinung gefragt.

Sie wurde auch nicht gefragt, ob man ihren Bruder nach dem Libanon oder nach Europa schicken sollte. Als die Tragödie begann und ihre Mutter, ihre Schwester und ihr Bruder Peter, der Ernährer der Familie, innerhalb von zwei Jahren an Tuberkulose starben, war Miriana plötzlich mit ihrem Bruder Khalil allein; sein literarischer Ruhm war gerade dabei, die arabische Welt zum Erwachen zu bringen und das Osmanische Reich zu erschüttern. Miriana mußte erkennen, daß Ruhm und Reichtum im Leben nicht oft zusammentreffen, und wenn überhaupt, dann meist erst spät. Gibrans Bildung war arabisch, daher brachten ihm seine Artikel und Bücher nicht genügend Geld für den Lebensunterhalt ein.

Miriana duldete es nicht, daß ihr Bruder seine Pläne änderte oder eine Stellung annahm, die seine literarische und künstlerische Laufbahn behindert hätte. Sie nähte und strickte, um für sich und den Bruder ein Heim zu schaffen. Sie ermutigte ihn, solange zu malen, bis er genügend Bilder für eine Ausstellung zusammen hatte. Miriana besaß nicht das Geld für die Finanzierung einer Ausstellung, aber ihr Bruder schaffte es, wie gesagt, sich zwanzig Dollar von einer Libanesin zu leihen. Diese Frau lebte noch lange im Libanon und hat die Schuldverschreibung von Gibrans Hand als ihren größten Besitz betrachtet.

Die Kosten, die man in Gibrans Ausbildung gesteckt hatte, zahlten sich nicht nur literarisch, sondern auch finanziell aus. Die Tantiemen aus seinen Büchern betragen jetzt mehr als zwei Millionen Dollar. Sie kommen heute seiner Vaterstadt Becharré zugute. Auch seiner Schwester Miriana hinterließ Gibran genügend Geld für ein gesichertes Leben im Alter. Sie stand auf sehr gutem Fuß mit Barbara Young, die ihr auch ihr Werk «Der Mann aus dem Libanon» widmete.

May Ziadeh

May Ziadeh war Gibrans Liebe ‹auf dem Papier›, er hat sie nie gesehen. May war ein libanesisches Mädchen, deren Familie nach Ägypten ausgewandert ist. Als einziges Kind wurde sie im Mittleren Osten erzogen und ging später zum Studium nach Europa. Sie schrieb Artikel für die Zeitschriften ihres Vaters und für andere französische und arabische Zeitungen. Das Haus ihrer Eltern war ein Treffpunkt für die Mehrzahl der literarischen Prominenz in Ägypten. Gibrans Artikel, die zu der Zeit in zahlreichen Zeitungen und Zeitschriften erschienen, bildeten oft den Gegenstand des Gesprächs.

Aus Bewunderung für Gibrans Veröffentlichungen beschloß May, sich schriftlich an ihn zu wenden. Da sie fürchtete, daß er ihren Brief als einen unter vielen abtun würde, stellte sie sich erst einmal ausführlich vor. Sie erklärte ihm, daß sie bereits Artikel und Bücher geschrieben habe und daß ein Großteil ihrer Arbeiten unter dem Pseudonym Isis Cubia erscheine. Danach berichtete sie von der großen Auswirkung seiner Arbeiten auf die ägyptische Gesellschaft.

Gibran antwortete postwendend. Er schrieb ihr, wie sehr er ihren Mut bewundere und dankte ihr für ihren

Anteil an der Emanzipation der orientalischen Frau. Er schrieb, daß er ihr mit getrennter Post ein Exemplar seines neuen Buches «Gebrochene Schwingen» schicke und versuchte ihr den Titel zu erklären:

«Ich habe von meiner Mutter neunzig Prozent meines Charakters, meiner Veranlagung geerbt. Doch das bedeutet nicht, daß ich ihre Schönheit und ihre Demut oder ihr großes, weites Herz geerbt habe. Ich erinnere mich noch, wie sie mir einmal, als ich zwanzig Jahre alt war, sagte, daß es für mich und die Menschen viel besser gewesen wäre, wenn ich Mönch in einem der umliegenden Klöster geworden wäre.

Ich sagte: ‹Stimmt, nur daß ich mir vor meiner Ankunft in dieser Welt dich zur Mutter erwählt habe.›

Sie erwiderte: ‹Wenn du nicht gekommen wärst, so wärst du ein Engel geblieben.›

Und ich darauf: ‹Ich bin doch ein Engel.›
Sie lächelte und fragte: ‹Und wo sind deine Flügel?›

Ich legte mir ihre Arme um die Schultern und sagte: ‹Das sind meine Flügel.›

Sie erwiderte: ‹Aber sie sind doch gebrochen.›

Gibran fügte in seinem Brief hinzu: «Meine Mutter ist inzwischen in die blauen Fernen hinübergegangen, doch ihre Worte sind geblieben, und ich habe sie als Titel für meinen Roman gewählt, den ich Ihnen nun schicke. Ich würde mich freuen, Ihre persönliche Ansicht darüber zu hören.»

May ließ ihn ihre Ansicht über das Werk, das sie sehr bewunderte, wissen; doch sie sparte auch nicht mit Kritik, weil Gibran in seiner Geschichte die Begegnung einer verheirateten Frau mit ihrem früheren Liebhaber gutgeheißen hatte.

«Ganz gleich, wie unschuldig die Begegnung auch gewesen sein mag», schrieb sie an ihn, «es ist doch ein Verrat am Ehemann, ein Verrat an dem Namen, den sie nun trägt, und auch ein Verrat an der Gesellschaft.»

Unterdessen beabsichtigte die ägyptische Intelligenz einen libanesischen Dichter zu ehren, und Gibran sollte einer der Festredner sein. Da er, vor allem aus finanziellen Gründen, nicht anreisen konnte, schickte er einen Aufsatz «Der Dichter aus Baalbek», der auf der Veranstaltung verlesen werden sollte. Der Veranstalter, der von der Beziehung zwischen Gibran und May wußte, bat sie, den Aufsatz zu verlesen.

Obwohl es Mays erster öffentlicher Auftritt war, erhielt sie reichlichen Beifall. Auf diese Weise hatte sie ihr Herz Gibran verpfändet. Beide blieben bis zu seinem Tod in Briefkontakt. Ihre Briefe waren nicht ausschließlich Liebesbriefe; sie kritisierte seine Arbeiten häufig und regte ihn zu manchem Thema an.

So schrieb sie einmal:

«Der neue türkische Gouverneur ist im Libanon eingetroffen und begann wie gewöhnlich damit, Beamte ihres Postens zu entheben. Er tritt darin ganz in die Fußstapfen seiner Amtsvorgänger. Die Libanesen liegen ihm zu Füßen. Wann finden sich einmal mutige Männer in unserem Volk? Wann schütteln die Libanesen den Staub der Erniedrigung und Demütigung von sich ab? Warum schreiben Sie nicht über dieses Thema? Die Menschen respektieren Ihre Ideen, Gibran. Erinnern Sie sie daran, daß sie Männer sind und daß sich Männer nicht erniedrigen.»

Gibran schrieb zu diesem Thema:

«Wehe dem Volk, das seine Eroberer mit fliegenden Fahnen empfängt. Wehe dem Volk, das seine Unterdrükkung im Schlaf haßt und sie im wachen Zustand akzeptiert. Wehe dem Volk, das seine Stimme nur erhebt, wenn es hinter einem Sarg hergeht, und das sich nur auf dem Friedhof auf seinen Stolz besinnt. Wehe dem Volk, das sich erst erhebt, wenn sein Nacken auf dem Richtblock liegt.»

Gibran forderte May auf, in die Vereinigten Staaten zu kommen. Sie lehnte seine Einladung ab: Sie sei eine Frau, und die gute Sitte erlaube ihr das nicht. Daraufhin bat sie ihn, nach Ägypten zu kommen. Er schrieb ihr: «Was ist über meine wirtschaftlichen Verhältnisse zu sagen? Vor ein oder zwei Jahren war ich zur Ruhe gekommen. Doch jetzt hat sich meine Ruhe in Unruhe und mein Frieden in heftigen Kampf verwandelt. Die Menschen stellen Tag und Nacht Anforderungen an mich. Ich werde völlig erdrückt. Hin und wieder verlasse ich diese Riesenstadt, um die Menschen zu fliehen, in gewisser Weise fliehe ich auch vor mir selbst. Das amerikanische Publikum ist anspruchsvoll. Es wird nie müde, ist nie erschöpft, es schläft nicht, träumt nicht. Wen es nicht mag, zerstört es mit seiner Verachtung, und wen es mag, den erdrückt es mit seiner Zuneigung, seinen Forderungen.

Vielleicht kommt noch einmal der Tag, da ich in den Orient entfliehe. Wenn nicht dieser Käfig wäre, dessen Gitterstäbe ich mit eigenen Händen gebaut habe, so würde ich das erstbeste Schiff in Richtung Orient besteigen. Doch wer verläßt schon ein Bauwerk, dessen Steine er ein ganzes Leben lang gehauen und geglättet hat, auch wenn dieses Gebäude nun zu einem Gefängnis geworden ist?»

In einem ihrer Briefe schreibt May:

«Ich weiß nicht, was ich tue, doch ich liebe Sie. Im Grunde fürchte ich die Liebe. Ich erwarte zuviel von ihr, und ich befürchte, daß sich meine Erwartungen niemals ganz erfüllen werden... Wieso wage ich überhaupt, Ihnen das zu schreiben? Und dennoch danke ich Gott, daß ich diese Worte schreibe und sie nicht aussprechen muß. Wenn Sie hier wären, würde ich nach einem solchen Geständnis untertauchen und verschwinden, bis Sie alles vergessen hätten.

Ich mache mir Vorwürfe, daß ich mir diese Freiheit genommen habe. Ob es nun richtig war oder nicht, mein Herz ist bei Ihnen, und es kann nichts Besseres tun, als Sie zu begleiten und mit seinen Empfindungen zu beschützen.»

Mays Herz konnte ihn nur kurze Zeitlang begleiten. Gibrans Gesundheit verfiel. Er schrieb ihr:

«Sie wissen, May, daß ich jedesmal, wenn ich an meinen Abschied für immer denke, Gefallen an dieser Vorstellung finde und bereit bin zu scheiden.»

Gibran starb 1931, im Alter von siebenundvierzig Jahren, nach einer neunzehnjährigen Liebesgeschichte mit May Ziadeh, die er niemals gesehen hat.

Salma Karamy

Gibran war achtzehn Jahre alt, als «die Liebe mit ihren Zauberstrahlen ihm die Augen öffnete, und Salma war die Frau, die dies tat». Er hat einen Roman über seine erste Liebe geschrieben. Kein anderer Autor hätte diese Ereignisse genauer berichtet. Gibrans Biographen und Nachbarn bestehen aber darauf, daß sein erstes Mädchen Hala Eldaher hieß und die Ereignisse des Buches nicht in Becharré, sondern in Beirut stattgefunden haben.

Gibran trug sich mit der Absicht, das Kloster Mar Sarkis zu kaufen; dies war der Ort, an dem er Salma begegnete. Es ist ein in den steilen Fels gehauenes Kloster, ein sicherer Zufluchtsort. Um es betreten zu können, brauchte man damals ein Seil oder eine Leiter. Miriana, Gibrans Schwester, hat es später gekauft. Ein schmaler Pfad wurde angelegt, damit es die Besucher bequemer haben. Sie verbeugen sich nun vor dem Ort, an dem Gibran sich zurückziehen wollte, ein Wunsch, der ihm erst mit dem Tod erfüllt wurde.

Unter seinen letzten Briefen findet sich die Bestätigung für den Wunsch, «nach dem Mittleren Osten, dem Libanon, zurückzukehren – nach Becharré, nach Mar Sarkis, um dort den herrlichen Blick über das ganze Tal zu genießen». Gibran sehnte sich «nach einem neuen Leben im Herzen der Natur, inmitten goldener Weizenfelder, grüner Weiden, grasender Schafherden, tosender Wasserfälle und langsam steigender Nebel, die von den Strahlen der Sonne gebrochen werden».

Salma begegnet dem Leser in dem Roman «Gebrochene Schwingen», Gibrans eigener Liebesgeschichte. Das Buch stand über vierzig Jahre auf der Bestsellerliste der arabischen Literatur.

MICHAIL NUAIMY

Ein merkwürdiges kleines Buch

«Es ist ein merkwürdiges kleines Buch, Mischa.»
Diese Worte klingen mir noch in den Ohren, obwohl es schon vierzig Jahre her ist, daß ich sie hörte. Der sie zu mir sprach, war Khalil Gibran – ein noch unbekannter Khalil Gibran –, an einem Abend kurz nach der Veröffentlichung seines dritten Werkes in englischer Sprache, eines kleinen Buches mystischen Inhalts mit dem Titel «Der Prophet».

Gibran und ich waren an diesem Abend allein; wir entspannten uns in seinem bescheidenen Studio im dritten Stock der 10. Straße West in Manhattan, einem von vielen sich ähnelnden Gebäuden, die in dichtgedrängten Reihen an der oberen Seite der Straße zwischen der 5. und 6. Avenue stehen; dieses Studio wurde von unserem kleinen Kreis emigrierter arabischer Schriftsteller und Künstler «die Eremitage» genannt. Obwohl es schmucklos eingerichtet war, wie es sich für eine Einsiedelei geziemt, glich es mehr einem Arbeitsraum als einer Gebetsstube. Es enthielt eine einfache Liege, die Gibran nachts als Bett und tagsüber als Chaiselongue diente, drei gepolsterte Stühle sowie einen Nachttisch, auf dem ein Telefon stand. Der ganze Raum war vollgestopft mit Blättern, Zeichnungen, Büchern und Papieren, mit Pinseln, Farbtuben, Bleistiften, Füllern, Federn und Tintenfässern.

Ich war kaum eingetreten, da reichte mir Gibran mit

einem Aufblitzen tiefer Zufriedenheit in seinen Augen einen Brief und forderte mich auf: «Lies dies, Mischa!» Der Adressat des Briefes war der Präsident des Colorado College; er bat Gibran um die Erlaubnis, einen Vers aus dem «Propheten» in die Hauptglocke der Kapelle eingravieren zu dürfen. Es war der Vers: «Das Gestern ist nichts als die Erinnerung von heute, und das Morgen ist der Traum von heute.»

Als ich ihm den Brief zurückgab und ihn herzlich beglückwünschte, schaute er mich bewegt an und sagte mit ernster Stimme: «Es ist ein merkwürdiges kleines Buch, Mischa!»

Heute, fast ein halbes Jahrhundert später, ist klar erwiesen, daß Gibrans Meinung über dieses Buch höchst zutreffend war. Bestehend aus knapp zwanzigtausend Wörtern, von philosophischem Inhalt und mystischem Gehalt, war «Der Prophet» kaum ein Buch, von dem man sogleich angenommen hätte, daß es die Aufmerksamkeit eines breiten Leserpublikums auf sich lenken würde. Doch gerade das tat es schließlich. Zunächst war Interesse nur vereinzelt festzustellen: In New York zum Beispiel hörte der Geistliche der Pfarrei eines ärmeren Stadtviertels irgendwie vom «Propheten»; er holte sich bei Gibran die Erlaubnis, in der Kirche Lesungen aus seinem Buch veranstalten zu dürfen. Gibran hatte nichts dagegen einzuwenden, und nun begannen die jungen Männer und Frauen dieser Gemeinde, das Werk an den Abenden der Woche aufzuführen. Die Lesungen fanden große Zustimmung, und es sprach sich allenthalben herum, daß es in dieser Kirche ein ungewöhnlich interessantes Programm gebe, dem ein ungewöhnlich interessantes Buch zugrundeliege. Die Zuhörerschaft wurde immer größer, und viele von denen, die zu den Lesungen kamen, besorgten sich wohl auch ein Exemplar dieses Buches und trugen zu dem stetig wachsenden Ansehen dieses Werkes bei. Wie weit der Ruf drang, erfuhren wir erst an dem Tag, als Gibran einen Brief von einem Freund erhielt, der ihm die uneingeschränkte Bewunderung der Königin vom Rumänien übermittelte, die von irgend jemandem ein Exemplar des «Propheten» erhalten hatte und davon begeistert war.

Auf diese Weise wuchs Gibrans Ansehen allmählich. Erstaunte Verleger brachten neue Ausgaben heraus, die nach und nach verkauft wurden. Dann kam der zweite Weltkrieg, und plötzlich verstärkte sich auf unerklärliche Weise die Nachfrage nach diesem Buch, als ob seine Botschaft, die aus persönlichem Leid hervorgegangen war, mitten im Leiden des Krieges in den allgemeinen Brennpunkt rücke. Wie auch immer es gewesen sein mag, heute beläuft sich die Zahl der verkauften Bücher auf mehr als zwei Millionen Exemplare, und es wurde in über zwanzig Sprachen übersetzt.

Gibran ahnte natürlich nicht, daß dergleichen geschehen würde. Er wußte nur, daß ein Vers, den er geschrieben hatte, in die Glocke eines Colleges in Colorado eingraviert werden sollte. Und er wußte, daß er nach Jahren des Ringens in seiner einsamen Klause eine empfindliche Saite berührt hatte und sagen konnte: «Ich habe das Ohr der Welt erreicht; ich habe bei ihnen Anklang gefunden. Ich bin nicht länger eine Stimme im leeren Raum, ein Kerzenlicht, das einem Blinden leuchtet.»

Als wir an diesem Abend über sein Buch sprachen, wunderte ich mich über die geheimnisvolle Hand, die die menschlichen Geschicke webt. Hier, in einem winzigen Winkel der Metropole New York, waren zwei Männer vereint, die beide im entfernten – aus der Bibel bekannten – Libanon geboren worden waren, Gibran am Fuß der Zedernberge im nördlichen Teil der libanesischen Küste, und ich am Fuße des Sannin, im Zentrum des Landes, und die Entfernung zwischen beiden Orten beträgt höchstens fünfzig Meilen. Dennoch trafen wir uns nicht im Libanon, sondern in der riesigen Stadt am Hudson. Und dies geschah im Jahre 1916.

Gibran war der Sohn armer Eltern; er wurde in der kleinen Stadt Becharré geboren und verbrachte seine Kindheit inmitten der Natur mit ihren tiefen Bergschluchten, den hohen Gipfeln und den kristallenen Quellen des nördlichen Libanons, einer Region, die reich ist an Naturschönheiten und erfüllt vom dauernden Wechsel von Licht und Schatten. Im Jahre 1895, als Gibran erst zwölf Jahre alt war, emigrierten seine Mutter, sein Halbbruder, seine beiden Schwestern und er nach Amerika – auf der Suche nach einem besseren Leben. Sie ließen sich in Bostons Chinesenviertel nieder, wo ein sympathischer Lehrer Gibrans Talente zum Zeichnen und Malen entdeckte und ihn zum Studium der Kunst ermunterte. Zwei Jahre später führte ihn der Wunsch, seine Muttersprache besser zu beherrschen, zu einem vierjährigen Studienaufenthalt in den Libanon zurück. Von dort ging er nach Paris, wo er ein Jahr lang Kunst studierte, danach kehrte er nach Boston zurück. Nach dem tragischen Tod seiner jüngeren Schwester, seiner Mutter und seines Halbbruders, die alle an Tuberkulose starben, siedelte er nach New York über. Boston war allerdings eine wichtige Station in seinem Leben, denn hier – in der Ausstellung seiner ersten künstlerischen Werke – begegnete er Mary E. Haskell, der Direktorin der Cambridge-Mädchenschule, die Gibrans bedeutendste Gönnerin werden sollte. Sie war es, die ihm half, zum Studium nach Paris zurückzukehren; sie half ihm und ermunterte ihn stets – bis zum Ende seines Lebens. Wie wichtig sie ihm war, kann man an der Widmung, die er ihr in seinem Roman «Gebrochene Flügel» geschrieben hat, und an seinem Testament ersehen, in dem er ihr alle Gegenstände seines Studios vererbte.

In New York war Gibran nun nicht mehr ganz unbekannt. Der Ruf, ein origineller und vielversprechender Schriftsteller zu sein, hatte sich in den großen libanesisch-syrischen Gemeinden verbreitet, die in Brooklyn und Manhattan lebten. Viele seiner Erzählungen und andere Schriften waren bereits in arabischen Zeitschriften erschienen, die in New York veröffentlicht wurden und seinen Namen in die arabischen Länder trugen, in die alte Welt, wo die junge Generation ihm als dem aufsteigenden Stern am Firmament der neuen arabischen Literatur zujubelte.

Doch Gibran gab sich mit dem Ruhm in dieser kleinen und zudem wenig bekannten kulturellen Welt der Araber nicht zufrieden; er bereitete sich darauf vor, die viel größere und einflußreichere Welt der angelsächsischen Literatur zu erobern. Sein erster zaghafter Schritt in diese Richtung war ein kleines Buch mit dem Titel «Der Narr», das er 1918 veröffentlichte. Zwei Jahre später folgte ein weiteres schmales Buch, das «Der Vorbote» hieß; mit dem Titel wollte Gibran darauf hinweisen, daß dieses Werk der Vorläufer eines anderen Buches sei, nämlich des «Propheten». Beide Bücher erregten in Amerika kein Aufsehen, bis schließlich 1923 das «merkwürdige kleine Buch» erschien.

Als Struktur liegt dem «Propheten» ein einfaches, doch sehr wirkungsvolles Gerüst zugrunde: Mit dem arabischen

Namen Almustafa, was «der Erwählte» bedeutet, benennt Gibran seinen Helden symbolisch, einen Fremden, der zwölf Jahre lang in der Stadt Orphalese gelebt hat und nun auf ein Schiff wartet, «das ihn auf die Insel zurückbringen soll, wo er geboren wurde». Almustafa erspäht das Schiff vom Gipfel eines Berges, und als er die Stadt durchquert, um das Schiff zu besteigen, begegnet er ihren Bewohnern, die sich auf dem Platz vor dem Tempel versammelt haben; sie sind gekommen, um sich von ihm zu verabschieden. Eine Frau namens Almitra, die ihn als erste aufgesucht und an ihn geglaubt hatte, als er gerade einen Tag in ihrer Stadt gewesen war, bittet den «Propheten Gottes», ihnen, bevor er sie verlasse, von allem zu künden, was ihm geoffenbart wurde «zwischen Geburt und Tod». «Sprich von der Liebe!» sagt sie. «Sprich von der Ehe!» sagt ein anderer. Und so spricht Almustafa über die Liebe, die Ehe, die Arbeit, über den Tod, die Kinder und über all die Themen, die das Herz der Menschen beschäftigen.

Es ist jedoch nicht dieses Gerüst, das den «Propheten» auszeichnet, sondern es sind der Geist und die Phantasie, die in ihm atmen und ihn beleben; es sind die Empfindungen einer leidenschaftlichen, empfindsamen und hochsensiblen Seele, die das ganze Ausmaß menschlicher Erfahrungen gekannt hat – von der äußersten Niedergeschlagenheit bis zur höchsten Exaltation. Es ist die Musik der Worte, die den Kaskaden des Wasserfalls gleicht; es sind die Farben, die tote Buchstaben zu rhythmischem Tanz erwecken; es sind die Lichtstrahlen, die die Dunkelheit durchdringen, wie das Sonnenlicht die Wolken durchbohrt. Und es sind die Tore eines Herzens, die sich zur Welt hin öffnen und ihr zeigen, was die Zauberhand des Leidens in ihm gewirkt hat. All dies ist es und noch vieles mehr, das den «Propheten» zu Gibrans Meisterwerk macht.

Doch um den «Propheten» richtig zu verstehen, ist es notwendig, die philosophischen Elemente, die in das Werk eingeflossen sind, und die unterschiedlichen Einflüsse auf Gibrans Denken zu betrachten.

Zu Beginn seiner literarischen Laufbahn war es Gibrans Absicht, seine Feder zu einer Rute für diejenigen zu machen, die seiner Meinung nach die materielle und geistige Freiheit seines Volkes einschränkten. Seine Vaterstadt Becharré liegt in einer Gegend, die damals zum größten Teil von wohlhabenden Familien und religiösen Führern beherrscht wurde. Aus seiner Kindheit, die er dort verbracht hatte, und seinen späteren Aufenthalten im Libanon konnte sich Gibran sehr wohl daran erinnern, und gegen diese Tyrannei lehnte er sich auf; er ließ sich gern einen Rebellen nennen und hoffte, sein Volk werde sich ebenfalls gegen die Traditionen auflehnen, die er für die freie Entfaltung seiner reichen Talente als hemmend und schädlich betrachtete. Jahre später schlug ihn Nietzsches «Also sprach Zarathustra» mit seiner leidenschaftlichen und heftigen Kritik an der christlichen Zivilisation derart in den Bann, daß Gibrans Stil und seine inhaltliche Akzentuierung eine Zeitlang Nietzsches bitteren Pessimismus reflektieren. In dieser Zeit nennt er sein Volk einmal «verfaulte Zähne», und in seinem arabischen Werk «Die Totengräber» geht er sogar so weit, alle Menschen mit Würmern und Leichen zu vergleichen, die nur darauf warten, begraben zu werden. In diese Periode, in der Verbitterung und Härte vorherrschten, fallen auch seine beiden ersten englischen Werke «Der Narr» und «Der Vorbote», in denen er die Dummheit und die Blindheit der Menschen anklagt. Aber auch diese Phase ging vorüber, und Gibran wandte sich nun der friedvolleren und menschlicheren Philosophie der Vedas und den Evangelien zu. Im Evangelium, insbesondere in der Bergpredigt, entdeckt er die tiefere Bedeutung des Lebens, dargestellt in poetischer Form und nicht in der logischen Ausdrucksweise der Philosophie. Diese letzte Phase seiner Dichtung, die ganz vom Geist der Bergpredigt durchdrungen ist, kommt im «Propheten» zum Ausdruck.

Es sind noch andere Einflüsse in diesem Buch zu erkennen. Beispielsweise wird die Hindu-Lehre von der Reinkarnation, die sich an mindestens vier Stellen nachweisen läßt, besonders deutlich in der folgenden, wo es heißt: «Doch wenn meine Stimme in euren Ohren verklingt und meine Liebe in eurem Gedächtnis verblaßt, komme ich wieder.» Es gibt auch einen Hinweis auf den sogenannten ‹hervorragenden Menschen› in allen Menschen. «Ihr seid groß in dem hervorragenden Menschen in euch», sagt Almustafa zu den Menschen von Orphalese, und man fragt sich, ob Gibrans ‹hervorragender Mensch› nicht eine Version von Nietzsches ‹Übermensch› ist. Wenn es sich so verhalten sollte, dann ist Gibran das Kunststück gelungen, aus dem deutschen Bilderstürmer einen Bilderstürmer der Fischer von Galiläa zu machen, die Menschenfischer geworden sind.

Aus all den Einflüssen entstand die Botschaft des «Propheten», die besagt, daß die Ziele des Menschen Allwissen, Allmacht, Allgegenwart und Unsterblichkeit heißen und daß in diesem Licht Tugenden wie Liebe, Güte, Mitleid, Vergebung und Milde für das rechte Leben ebenso notwendig wie Brot, Wasser, Licht und Luft für unseren Körper unentbehrlich sind. Sie werden zum Gesetz, und wer von ihm abweicht, fügt sich selber Schmerz zu. Der Schmerz wird auf diese Weise zu einem Mittel, das uns die Augen öffnet und uns auf unsere Überschreitungen des Gesetzes hinweist. Almustafa drückt das in den folgenden Worten aus, die er an die Menschen von Orphalese richtet: «Er ist die bittere Arznei, durch die der Arzt in euch euer krankes Selbst heilt.»

Schließlich gibt es noch einen anderen Aspekt im «Propheten», der den meisten entgeht – einen starken persönlichen Aspekt: Gibran öffnet sein Herz und spricht von ganz persönlichen Dingen. Dieser Aspekt wird durch erfundene Namen wie Almustafa, Orphalese, Almitra, die Insel, auf der Almustafa geboren wurde, das Schiff und die Seeleute leicht verschleiert. Dasselbe gilt für einige Zahlen und Daten, z.B. für die zwölf Jahre, die Almustafa in Orphalese zugebracht hat. Sobald man diesen Schleier lüftet, läßt sich Almustafa sehr leicht als Gibran identifizieren, Orphalese als New York, Almitra als Mary E. Haskell; der Libanon ist identisch mit der Insel, auf der Almustafa geboren wurde, und die zwölf Jahre von Orphalese gleichen den zwölf Jahren, die Gibran bis zur Publikation des «Propheten» in New York lebt.

Wenn man das Buch in diesem Sinne liest, erweisen sich vor allem der Prolog und der Epilog als etwas, das mehr ist als nur schöne Literatur. Sie werden zu lebendigen Teilen von Gibrans Herzen, einem Herzen, das so sensibel war, daß es mit Tränen auf die bloße Andeutung menschlicher Sorgen reagierte. So ist es also Gibran, der die Einsamkeit seiner ersten Zeit in New York und seinen verzehrenden Durst nach größerer Anerkennung zum Ausdruck bringt, wenn er sagt: «Wie kann ich in Frieden und ohne Sorgen weggehen? Nein, ich werde diese Stadt nicht ohne eine Wunde in meinem Geist verlassen. Die Tage der Mühen, die ich in ihren Mauern verbrachte, waren lang, und lang waren die Nächte der Einsamkeit...» Und es ist ebenfalls Gibran, der von New York Abschied nimmt und sich für die Anerkennung bedankt, die es ihm zollte, wenn Almustafa sagt: «Ihr schenktet mir mein tieferes Dürsten nach dem Leben. Gewiß gibt es kein größeres Geschenk für einen Menschen als das, was all seine Ziele in trockene Lippen verwandelt und das ganze Leben in eine Quelle.»

In der Sehnsucht, aufzubrechen, und dem Widerstreben, abzureisen, die Almustafa im Prolog und Epilog so eindrucksvoll ausspricht, steckt noch eine tiefere Bedeutung, wenn man weiß, daß Gibran bereits vor der Veröffentlichung des «Propheten» Schritte unternommen hatte, die auf eine definitive Rückkehr in den Libanon abzielten. Ein Jahr vor dem Erscheinen des Buches hatte Gibran mir gegenüber von einer echten «Einsiedelei» gesprochen, womit nicht sein Studio in der 10. Straße West gemeint war. Gemeint hatte er das kleine, verlassene Kloster Mar Sarkis, etwas außerhalb seiner geliebten Vaterstadt Becharré. Er hatte schon Verhandlungen in die Wege geleitet, dieses Kloster zu kaufen, denn er sehnte sich immer mehr nach dem Frieden und der Einsamkeit dieses zauberhaften Fleckchens Erde im Nordlibanon – nicht nur für seinen erschöpften Geist, sondern auch für seinen überarbeiteten, kranken Körper. Seit einiger Zeit schon klagte er ernsthaft über körperliche Beschwerden, deren genaue Ursache er nicht kannte. Sie führten zu seinem frühen Tod in der Nacht des 10. April 1931 in einem New Yorker Krankenhaus, nicht weit entfernt von seinem Studio.

In diesem Licht betrachtet, ist leicht zu verstehen, wie wahr und treffend Gibrans Antwort war, als er auf die Frage, wie er den «Propheten» konzipiert und geschrieben habe, antwortete: «Schrieb ich ihn? Vielmehr schrieb er mich.»

Es ist in der Tat ein merkwürdiges kleines Buch.

ANTOINE GATTAS KARAM

Der mystische Aspekt in den Werken Gibrans

Wie die europäische Romantik die metaphysischen Betrachtungen des Pantheismus hervorbrachte, so findet auch der Romantismus Gibrans seine philosophische Manifestation in den geistigen Höhen des Mystizismus. Diese Tendenz haben zahlreiche Kritiker bei ihm hervorgehoben. Wir sind jedoch der Ansicht, daß die mystische Betrachtungsweise Gibrans nicht nur die Endphase seines Schaffens bestimmt. Wenn man den Verlauf seiner Entwicklung verfolgt, stellt man fest, daß bereits seine ersten Werke davon geprägt waren, während diese Tendenz in den letzten Werken ihren Höhepunkt erreicht. Man gewinnt allerdings den Eindruck, daß diese Phasen des Mystizismus durch ein Zwischenspiel rebellierender und revoltierender Dichtung voneinander getrennt sind, das sich in seinen Werken zwischen 1907 und 1912 niederschlägt.

Nach diesem Zwischenspiel kehrte der Autor in seine Einsamkeit und Abgeschlossenheit zurück, in jene transzendierende Sehnsucht, die sich in dem Maße verringerte, als auch seine Hoffnung auf soziale Reformen geringer wurde. Gibrans Rückkehr zum Mystizismus zeigt, daß diese Tendenz bei ihm Ausgangspunkt und Endpunkt zugleich war. Tatsächlich entdeckt man sie bei genauerer Betrachtung bereits beim frühen Gibran in sporadisch auftretenden Formulierungen, in denen er von einem «spirituellen Hunger» oder von einer ewigen Sehnsucht spricht, die sich entwickelt und entfaltet, bis sie in «die Einheit des universellen Wesens eingeht». Er bedient sich dabei der neoplatonischen Terminologie der sich stets vervollkommnenden Seele, die ihr Wesen mit Hilfe der Erinnerung sucht. Erinnerung ist Wissen, und Wissen bedeutet Freiheit, die Liebe ist göttliche Trunkenheit und himmlischer Gesang. In einem Monolog schreibt er: «Wer bist du, der du mir so nahe bist?»

Gibran ging davon aus, daß die Seele, die göttlichen Ursprungs ist, in ihrem Wesen göttlich und unsterblich bleibt, und betrachtete die Materie als ein Element, das die Seele von ihrer Göttlichkeit trennt: «Zerreiß den Schleier, der mich von meiner Ganzheit trennt, und zerstöre das Gebäude, das meine Göttlichkeit verhüllt! Gib mir Flügel, damit ich zu dir fliege in die weiten, unbegrenzten Räume!» Hier und da tauchen bekannte mystische Formeln auf wie «der Lichtkreis» oder «die Einheit und der Eine».

In dieser ersten Periode scheint Gibran von einem metaphysischen Verlangen ergriffen zu sein, die transzendentalen Wahrheiten zu entdecken. Im Sinne der Sufis schreibt er: «Ich möchte sterben vor Sehnsucht, und ich will, daß meine Seele begierig nach Schönheit und Liebe sucht.» Seiner Auffassung nach ist die gesamte Natur Ausdruck der Liebe, und der geistige Hunger kann nur durch den Kuß der Geliebten gestillt werden. Doch die Materie hält die Seele fest, und die körperlichen Fesseln hindern sie daran, die Geliebte an der göttlichen Quelle zu erreichen; das wird nur der Tod bewirken, der für ihn die absolute Befreiung darstellt. Er schreibt diesbezüglich: «Komm, o Tod, und erlöse mich, die Erde ist unbewohnbar! Komm und löse meine Ketten... ich bin ihrer überdrüssig, da ich sie so lange trug.»

So wird für ihn der Tod dadurch zur Verlängerung des Lebens, daß er wie das Leben dazu beiträgt, die transzendentale Sehnsucht zu entfalten und zu verwirklichen. Der Tod ist nicht das Ende; er ist Rückkehr zum Ewigen und zugleich Neubeginn. «Ich bin die Mutter, die gebiert, sagt die Erde, und ich bin das Grab. Und ich bleibe die gebärende Mutter und das Grab, bis die Gestirne erlöschen und die Sonne sich in Asche verwandelt.» Wie in der mystischen Poesie findet man auch bei Gibran die Ansicht, daß die irdische Liebe in der universellen Liebe gipfelt. Diese beiden Arten der Liebe überlagern sich, und so kommt es, daß die Liebe den Schmerz über die Unzulänglichkeit in Freude verwandelt, die Verzweiflung in Herrlichkeit und die Einsamkeit in ein Paradies. Dies war die Quelle für Mißverständnisse und für Sätze, die unverständlich und unerklärbar schienen.

Hier ist es am Platz, auf Gibrans Wesensverwandtschaft zu dem Gedicht «Die Seele» hinzuweisen, das Avicenna zugeschrieben wird. Er bringt einmal zum Ausdruck, daß von allen Gedichten, die von den Alten geschrieben und uns überliefert worden sind, gerade dieses seinem Glauben und seiner Lebenseinstellung am meisten entspricht. Es handelt von der gestrauchelten Seele, die im Kampf mit der Materie ihre Befreiung sucht, um in die göttliche Heimat zurückzukehren. Die absolute Befreiung von der Materie wird ihr aber nur durch den Tod gewährt.

Gibran bedient sich nicht selten der Metaphern Avicennas; auch die mystischen Ideen der beiden Autoren stehen miteinander im Einklang. Man wird dabei gewahr, daß der Orient die Quelle der Erleuchtung ist, zu dem sich die Seele hinwendet, um zur Erkenntnis zu gelangen und den Zustand ungetrübter Heiterkeit und inneren Friedens zu erreichen. In Gibrans Dichtung erscheint auch die Theorie der Erinnerung, der nach Vollkommenheit strebenden Seele und des Wesens, die Idee des Lichtkreises und des begonnenen Kampfes zwischen den Fähigkeiten der Phantasie und denen der Vernunft.

Hervorgehoben sei hier noch das Prinzip der Unsterblichkeit der Seele, das von dem Dichter auf folgende Weise zum Ausdruck gebracht wird: «Die Rückkehr zum ewigen Leben ist nur möglich für das, was ewigen Ursprungs ist.» Neben Avicenna bewunderte er Al Ghazali und Al Farid. Bis jetzt haben wir lediglich die Ausdrücke hervorgehoben, die Gibran aus der Terminologie der Sufis entlehnt hat. Viel stärker zeigt sich diese Tendenz in seinem Werk «Iram, die Stadt der erhabenen Säulen», in dem sich die mystischen Streiflichter und Durchblicke, die früher verstreut auftraten, verdichten und vervollständigen. Hier stoßen wir auf das fundamentale Prinzip der universellen Einheit, auf die sich alle gegensätzlich erscheinenden Formen zurückführen lassen; hier werden die früheren Andeutungen und Abstraktionen durch Symbole bekräftigt.

Im Gegensatz zum Prinzip der Hingabe der Sufis, verteidigt Gibran die Lehre von der dauernden Anstrengung und der Bemühung der Seele, die Höhen des spirituellen Lebens zu erklimmen. Da das kurze und vergängliche Leben des Menschen nicht ausreicht, dieses Ziel zu erlangen, glaubt er, daß durch die Reinkarnation dem Leben weitere Leben folgen, die es der Seele erlauben, sich über die menschlichen Zufälligkeiten und Wirkungsmöglichkeiten der entgegengesetzten Kräfte zu erheben, um sich aufzulösen und in das universelle Wesen des Einen einzugehen.

In diesem Sinne erklären sich auch die Beziehungen zwischen den Sterblichen und den Bewohnern des «Äthers», und die heitere und göttliche Amina al-ʻAlawiyya kann zu Nagib sagen: «Dein Leben wird kein Ende kennen. Du wirst leben, solange die Zeit existiert, du bist ich, du bist alles, und darum bist du unsterblich.» In seinen Werken spielt bei der Bemühung um spirituelle Vollendung der Dichter eine große Rolle, da er in besonderem Maße von der Liebe und von dem Schönen angezogen wird. Bei seiner Suche nach dem Jenseits wendet er sich ab von der Eitelkeit der irdischen Dinge, er zähmt seine Begierden und wächst über sich selbst hinaus durch den immer «unstillbaren Durst», bis er die «Nahrung der Götter» wird.

Die Eroberung des Äthers ist auch das Thema des «Vorboten», des «Propheten» und von «Jesus Menschensohn». Ganz besonders trifft das für «Die Götter der Erde» zu, jene Dichtung, die Gibran einige Wochen vor seinem Tod vollendet hat; das Spirituelle, das seinem Wesen nach göttlich ist, besiegt das Körperliche, dessen Gestalt es zu vergöttlichen gilt. Die Trennung ist also nur scheinbar, denn der spirituelle Aspekt des Wesens stellt nur den einen Teil dar; dagegen ist der zweite Aspekt das andere Ich, mit dem die Vereinigung vollzogen werden soll.

Das unermeßliche Universum ist umgeben vom Schönen, und durch das Schöne werden seine verschiedenen Teile miteinander verbunden, denn das Schöne ist eine Quelle der Liebe, und die Liebe ist der Anziehungspunkt, in den alle Dinge münden und in dem sich die scheinbaren Gegensätze aufheben. Diese Rückkehr zum Einen ist nur zu verwirklichen, wenn sich der sinnliche Mensch durch das Schöne und durch die Liebe zum göttlichen

Menschen entwickelt. Der Okzident wendet sich zum Orient beim Kehrreim eines göttlichen Liedes, das vom Firmament kommt.

Die drei Etappen der Seele, ihren Sturz, ihre Erlösung und ihre Rückkehr, drückt Gibran folgendermaßen aus:

Alles, was ich bin, was auf Erden ist und sein wird,
verlockt meine Seele nicht mehr.
O meine Seele,
Dein Angesicht ist still,
Und in deinen Augen schlafen die Schatten der Nacht...
O meine Seele, meine Seele,
Du entflammter Kreis, der mich umgibt,
Wie soll ich deinen Lauf lenken?
Und in welchen Raum soll ich dein Bangen führen?
O meine verlassene Seele,
In deinem Verlangen suchst du nur dich selber,
Und mit deinen eigenen Tränen suchst du deinen Durst
zu stillen.

In dieser bangen Erwartung findet der Mensch das Schöne wieder. Der Schmerz, den er dabei empfindet, erregt seinen Wunsch, das Schöne zu erreichen, und das Schöne wiederum zieht die Liebe an. Aufgrund der Liebe versucht der Mensch, «das unbedeutende Schilfrohr», das am Rand trüber Gewässer wächst, sich durch den Schmerz und die Betrachtung des Schönen zum Jenseits zu erheben, um dort zur Nahrung der Götter zu werden.

Doch der Mensch-Gott sieht sich von einem Horizont zum anderen taumeln. Und sobald er ein Schönes entdeckt hat, erscheint vor seinen Augen ein anderes, noch vollkommeneres Schönes. So verfolgt er seinen Lauf, nach dem Unbekannten Ausschau haltend, bis er die ganze, universelle Schönheit entdeckt. Dann kehrt er zu sich zurück und stellt fest, daß er nie etwas anderes als sich selbst entdeckt hat und daß die Schönheit des Universums nicht außerhalb seiner selbst war. Das Universum ist nichts anderes als das Ich. Und so schreibt Gibran:

Du rufst den Unbekannten an,
Und der Unbekannte, verhüllt im dichten Nebel,
Wohnt in dir selbst;
Ja, in deiner Seele schlummert dein Erlöser...
Und dies ist das Geheimnis unseres Seins.

Die Befreiung vom Körper wird in diesem Werk durch die Tänzerin symbolisiert. Die Evolution der Liebe in ihren Schritten verklärt das Irdische ins Himmlische, und durch das Wunder der Liebe befreit sich der menschliche Körper von seinen Begierden und verbindet sich mit dem Kosmos. Es ist die erlösende Liebe, die Körper und Geist über die Grenzen von Zeit und Raum erhebt, und so schreibt er in bezug auf die Tänzerin: «In ihren Haaren tausend funkelnde Sterne und tausend Flügel um ihre Schritte.» Und etwas weiter: «Ihre Schritte sind trunken vom Gesang, und ihre Hände fliegen, den Tauben gleich.» – «Unsere Seele, die Seele des Lebens, deine Seele und die meine, bleiben diese Nacht in einer flammenden Brust und schmücken den Körper einer Jungfrau.»

Man findet dasselbe Prinzip im «Propheten» wieder, wo es heißt:

Volk von Orphalese, die Schönheit ist das Leben,
Wenn das Leben sein heiliges Antlitz entschleiert.

Doch ihr seid das Leben, und ihr seid der Schleier.
Die Schönheit ist die Ewigkeit, die sich im Spiegel betrachtet.
Aber ihr seid die Ewigkeit, und ihr seid auch der Spiegel.

Auf ihrem Weg zum Unendlichen glaubt die Seele, Gott zu finden, doch wenn sie an ihrem Ziel angelangt ist, spürt sie, daß sie nur sich selbst gefunden hat. Heißt das, Gott und Ich sind eins? Im «Wanderer» schreibt Gibran: «Wir sind der Mikrokosmos, wir sind aber auch der Makrokosmos, und wir sind die Brücke zwischen beiden.»

Diesen Gedanken drückt Gibran metaphorisch aus, indem er «vom Fluß» spricht, «der in den Ozean fließt». Das erste Gedicht des «Narren» wirft ein Licht auf die pantheistische Gottesvorstellung, die sich in allen Daseinsbekundungen findet. Die gleiche Idee enthalten seine anderen mystischen Werke. Häufig macht er Andeutungen über die Existenz eines universellen Geistes, der ewig und eins ist, der weder Anfang noch Ende hat, der jenseits aller Relativität von Zeit und Raum ist. Übrigens fügt er nach Art der Mystiker hinzu, daß die abstrakten Wahrheiten von den Sinnen nicht erkannt werden können und die irdischen Wörter unfähig sind, sie auszudrücken.

In dem Gedicht «Die vollkommene Welt» fragt Gibran:

Warum bin ich nur hier,
O Gott der verlorenen Seelen,
Du, der du verloren bist
Inmitten der Götter?

Eine Vorstellung von Gott findet sich lediglich im «Garten des Propheten», wo er vom universellen Gesang spricht, der den Stein mit der Sternenwelt verbindet. Und zwar wird Gott dort folgendermaßen definiert: «Meine Freunde und Lieben, stellt euch ein Herz vor, das alle Herzen enthält, eine Liebe, die alle Liebe umfängt, einen Geist, der alle Gedanken beinhaltet, eine Stimme, die sich aus all euren Stimmen zusammensetzt, und eine Stille, die tiefer ist als jede andere Stille – und dies in einem Wesen außerhalb der Zeit.» Und als er bemerkt, daß diese Worte ins Unbestimmte führen, fügt er hinzu: «Sprechen wir nun nicht mehr von Gott, dem Vater, sondern vielmehr von den Göttern, euren Nachbarn und euren Freunden und allem, was sich um eure Häuser und Felder bewegt. – «Nur wenn ihr verloren seid in euer kleines Selbst, strebt ihr zum Himmel, den ihr Gott nennt.» Und indem er von Gott als von einem Wesen spricht, das über alles Verstehen hinausreicht: «Ich wünschte mir, daß ihr wüßtet, wir sind der Atem und der Duft Gottes. Wir sind Gott im Blatt, in der Blume und oftmals in einer Frucht.»

Man darf keinen Widerspruch darin sehen; der Gott Gibrans ist nicht bald das Universum, bald das Ich. Vielmehr läßt sich seine Vorstellung darauf zurückführen, daß das Ich im Laufe der letzten Phase seiner Entwicklung die universelle Einheit erreicht, wo alles einstimmt in einen einzigen, umfassenden Gesang; diese universelle Einheit aber ist nichts anderes als Gott. Daraus folgt, daß das Ich, nachdem es den Weg durchlaufen hat, der zu Gott führt, selbst Gott wird.

Die unbestimmte Vorstellung von Gott wird erhellt durch die Vorstellung vom Tod.

Für Gibran ist der Tod kein Ende. Er ist vielmehr ein

Übergang, der zu einem Neubeginn führt. Er bedeutet nicht Vernichtung und Auflösung, sondern Umwandlung. Im Anfang war das Chaos, dann traten die Dinge aus dem dichten Nebel hervor, um ihre jeweiligen Formen anzunehmen. Doch die Formen sind nicht konstant, sie unterliegen dem Gesetz des dauernden Wandels. Durch die Anstrengungen, die sie unternehmen, streben die Dinge danach, die vollkommenste Erscheinungsform zu erreichen. Auch die menschliche Seele folgt dem allgemeinen Prinzip der Existenz, nämlich dem Prinzip der ewigen Wiederkehr, der Reinkarnation. Solange die Seele ihre Vollkommenheit nicht erreicht hat, trennt sie sich von ihrer derzeitigen Gestalt und kehrt in den dichten Nebel zurück, um eine neue Gestalt anzunehmen. Das Prinzip der Seelenwanderung, aufgrund dessen Gibran den Tod als Metamorphose und ewige Wiederkehr ansieht, kommt in der letzten Passage des «Propheten» zum Ausdruck:

Wenn ihr wirklich den Geist des Todes betrachten wollt, öffnet euer Herz weit dem Leben.
Denn Leben und Tod sind eins, ebenso wie der Fluß und das Meer...
Und was ist Sterben anderes, als nackt im Wind zu stehen und sich in der Sonne aufzulösen?
Und was heißt zu atmen aufzuhören anderes, als den Atem befreien vom rastlosen Lauf, damit er ungehemmt aufsteige und sich entfalte – zu Gott hin?
Erst wenn ihr aus dem Fluß des Schweigens getrunken habt, werdet ihr wahrhaft singen.
Und erst wenn ihr den Gipfel des Berges erklommen habt, werdet ihr zu steigen beginnen.

Nachdem der Mensch sein «Über-Ich» erreicht hat, weiß er, daß die gesamte Natur nur eine «Treppe» ist, die ihn näher zu Gott führt, und daß das Grab nichts anderes bedeutet als eine «Wiege». Alles tritt aus dem Nebel hervor, um dahin zurückzukehren:

Das Leben und alles, was lebt, wird im Nebel empfangen
und nicht im Kristall.
Und wer weiß? Vielleicht ist der Kristall nichts anderes als
Nebel, der verwest.

Bei seinem Abschied bekräftigt der Prophet noch einmal die Möglichkeit seiner Wiederkehr, indem er sagt:

Vergeßt nicht: Ich werde zurückkehren zu euch. Eine kleine Weile noch, ein kurzes Rasten auf dem Wind, und ein anderes Weib wird mich wieder gebären.

Zum Schluß zitieren wir zwei bedeutungsvolle Passagen aus dem «Garten des Propheten», die einige der hervorgehobenen mystischen Aspekte Gibrans zusammenfassen:

O Nebel, meine beflügelte Schwester, nun sind wir zusammen, und zusammen werden wir bleiben bis zum Ende eines zweiten Tages,
dessen Morgendämmerung dich als Tautropfen in einen Garten niederlegt
und mich als Kind an die Brust einer Frau,
und wir werden uns zurückerinnern.

Und etwas weiter heißt es:

O Nebel, meine Schwester Nebel,
Wir sind jetzt eins, du und ich.
Ich bin nicht mehr mein Ich.
Die Mauern sind gestürzt;
Die Ketten sind zerbrochen;
Ich erhebe mich zu dir, Nebel,
Und wir treiben zusammen auf dem Meer
Bis zum Morgen des Lebens,
Dann wird die Morgendämmerung dich als Tautropfen
In einen Garten niederlegen
Und mich als Kind an die Brust einer Frau.

Vita

1883 Gibran Khalil Gibran[1] wird am 6. Dezember in Becharré im Quadischa-Tal, in der Nähe der ‹heiligen Zedern›, geboren. Seine Mutter Kamileh, die Tochter des Priesters Istiphan Rahmeh, war bereits Witwe, als sie Khalil Gibran, den Vater des Dichters, heiratete. Ihr erster Mann war Hanna 'Abd-es-Salaam Rahmeh, von dem sie einen Sohn namens Butrus hatte, der bei Gibrans Geburt sechs Jahre alt war.

1885 Miriana, Gibrans ältere Schwester, wird geboren.

1887 Geburt seiner jüngeren Schwester Sultanah.

1894 Khalil, sein Halbbruder Butrus, die Mutter und die beiden Schwestern emigrieren in die Vereinigten Staaten von Amerika, während sein Vater im Libanon zurückbleibt; sie lassen sich im Chinesenviertel von Boston nieder.

1897 Gibran kehrt zum Studium seiner Muttersprache in den Libanon zurück und besucht die al-Hikmah-Schule; er beschäftigt sich intensiv mit klassischer und moderner arabischer Literatur.

1899 Während der Sommerferien in Becharré verliebt sich Gibran in eine schöne junge Frau; obwohl es über diese Beziehung und über die Identität der Frau nur Vermutungen gibt, gilt doch als sicher, daß seine erste Liebe für ihn enttäuschend war. (Das Erlebnis hat er in dem Roman «Gebrochene Flügel» geschildert.) Im Herbst reist er über Paris wieder nach Boston.

[1] *Gibrans vollständiger arabischer Name ist Gibran Khalil Gibran, wobei der mittlere Name der seines Vaters ist. Bei den Arabern ist es üblich, den Namen des Vaters nach dem eigenen Vornamen aufzuführen. Seine arabischen Werke hat Gibran stets mit dem vollständigen Namen gezeichnet, doch bei seinen englischen Werken verzichtete er auf den ersten Namen, was auf eine Anregung des Englischlehrers der Boston-Schule zurückgeht, die Gibran von 1895–1897 besucht hat.*

1902 Gibran kommt als Reiseführer und Dolmetscher einer amerikanischen Familie in den Libanon; bei der Nachricht vom Tod seiner Schwester Sultanah und der schweren Erkrankung der Mutter kehrt er abermals nach Boston zurück.

1903 Im März stirbt sein Halbbruder Butrus und im Juni die Mutter; Gibran lebt nun mit seiner Schwester Miriana allein in Boston. Der Halbbruder und die Mutter, wie auch seine jüngere Schwester, starben an Tuberkulose.

1904 Gibran beginnt als Maler Aufmerksamkeit zu erregen; Fred Holland Day, ein bekannter Fotograf, erkennt Gibrans Talent und fördert ihn: Im Januar organisiert er in seinem Atelier eine Ausstellung von Gibrans Zeichnungen und Gemälden. Die zweite Ausstellung findet im Februar in der Cambridge-Schule statt; Mary D. Haskell, die Direktorin, wird Gibrans enge Vertraute und seine Gönnerin. In der Cambridge-Schule begegnet er auch Emilie Michel, in die er sich verliebt.

1905 «Die Musik» (Gibrans erstes Buch in arabischer Sprache).

1906 Gibran veröffentlicht «Die Nymphen der Wiesen», eine heftige Attacke gegen Kirche und Staat, was ihm den Ruf einbringt, ein Rebell und Revolutionär zu sein; dieser Ruf wird ihm zeitlebens anhaften, auch seine mystischen Werke können ihn nur zum Teil mildern.

1908 Neben der Arbeit an «Rebellische Geister» entsteht die nie veröffentlichte Schrift «Philosophie der Religion und Religiosität». Dank der Großzügigkeit Mary E. Haskells, die Gibran bei der Erreichung seines ehrgeizigen Zieles, ein großer Dichter und Maler zu werden, tatkräftig unterstützt, begibt er sich über London nach Paris, wo er an der Akademie Julien und an der Ecole des Beaux Arts studiert. Während des Aufenthalts in Paris lernt er die europäischen Literaturen kennen und vertieft sich insbesondere in die Werke zeitgenössischer englischer und französischer Autoren. Nachhaltig wird er von William Blake beeinflußt; auch Friedrich Nietzsches «Also sprach Zarathustra» fasziniert ihn, doch dieser Einfluß ist von kurzer Dauer.

1909 Gibran begegnet in Paris seinem ehemaligen Klassenkameraden Yusuf al-Huwayik aus der al-Hikmah-Schule, der ebenfalls Kunst studiert. Sie werden enge Freunde und setzen sich gemeinsam mit den neuen Strömungen in der Malerei auseinander; beide stehen dem Kubismus, den einer von ihnen als «irrsinnige Revolution» bezeichnet, kritisch gegenüber, statt dessen bekräftigen sie ihre Treue zur klassischen Tradition.

Gibran begegnet Auguste Rodin.

Das Werk des Bildhauers hinterläßt in Gibrans eigenen Arbeiten deutliche Spuren. Meister Lawrence hingegen, seinen Lehrer in Paris, schätzt er so gering, daß er ihn verläßt, um selbständig zu arbeiten.

Beginn der literarischen Korrespondenz (und einer Liebesbeziehung) zwischen Gibran und May Ziadeh, einer in Ägypten lebenden libanesischen Schriftstellerin.

Gibrans Vater stirbt im Libanon.

1910 Gibran, Ameen Rihani und Yusuf al-Huwayik treffen sich in London und suchen nach Wegen für eine kulturelle Renaissance der arabischen Welt. Ein Plan sieht vor, in Beirut ein Opernhaus zu errichten, dessen architektonisches Kennzeichen zwei Kuppeln sein sollten – Symbol der Versöhnung zwischen Christentum und Islam.

Bei seiner Rückkehr nach Boston macht Gibran der um zehn Jahre älteren Mary E. Haskell einen Heiratsantrag, in den sie jedoch nicht einwilligt.

1911 In einer Zeit intensiver politischer Aktivitäten (nach der Befreiung einiger arabischer Gebiete von der osmanischen Herrschaft) gründet Gibran den «Goldenen Kreis», eine jener zahlreichen halbpolitischen Vereinigungen, die nun im Libanon, in Syrien, in Konstantinopel, Paris und New York entstehen; der «Goldene Kreis» findet nicht die Zustimmung der arabischen Emigranten und wird bereits nach dem ersten Treffen wieder aufgelöst.

Gibran verdient sich seinen Lebensunterhalt als Porträtzeichner.

1912 Umzug von Boston nach New York; Gibran mietet in der 10. Straße West ein Studio, in dem er bis zu seinem Tod wohnt.

Der autobiografische Roman «Gebrochene Flügel» erscheint, an dem er seit 1903 gearbeitet hat.

1914 Gibran stellt eine Auswahl aus seinen seit 1904 in Zeitschriften publizierten Prosagedichten zusammen und veröffentlicht sie unter dem Titel «Eine Träne und ein Lächeln».

Im Dezember veranstaltet die Galerie Montross, New York, eine Ausstellung seiner Zeichnungen und Gemälde.

1917 Zwei weitere Ausstellungen werden von den Galerien Knoedler, New York, und Doll & Richards, Boston, ausgerichtet.

1918 «Der Narr» (Gibrans erstes Buch in englischer Sprache).

1919 Gibran veröffentlicht das Mappenwerk «Zwanzig Zeichnungen» (mit einer Einführung von Alice Raphael) und das philosophische Gedicht «Der Reigen», das er illustriert.

1920 «Die Stürme»
«Der Vorbote»
Gibran wird zum Gründungspräsidenten der literarischen Vereinigung «Arrabitah» gewählt, die starken Einfluß auf die arabischen Exildichter und die jüngeren Schriftstellergenerationen ausübt; zu den Mitgliedern gehören so bekannte arabische Emigranten wie 'Abd-al-Masih Haddad, Nasib 'Arida, Michail Nuaimy, Rashied Ayyub, Nadra Haddad, William Catzflis, Iliya Abu Madi und Wadi' Bahut.

1921 Gibran veröffentlicht das philosophische Spiel «Iram, die Stadt der erhabenen Säulen», in dem er eine Darstellung der Mystik versucht.
Sein Gesundheitszustand verschlechtert sich.

1922 Im Januar werden seine Bilder im Women's City Club, Boston, ausgestellt.

1923 Die Sammlung «Schöne und seltene Aussprüche» erscheint; Gibran fügt ihr Porträtskizzen von berühmten arabischen Philosophen und Dichtern bei, die er als Siebzehnjähriger aus der Erinnerung gezeichnet hat (Ibn Sina [Avicenna], al-Ghazzali, al-Khansa', Ibn al-Farid, Abu Nuwas, Ibn al-Muquafa u. a.).
«Der Prophet»

1926 «Sand und Schaum»

1928 «Jesus Menschensohn»

1931 Zwei Wochen vor Gibrans Tod erscheint «Die Götter der Erde».
Nach langer und schwerer Krankheit stirbt Gibran am 10. April in New Yorker St. Vincent-Krankenhaus; die Autopsie ergibt Leberzirrhose und beginnende Tuberkulose. Sein Leichnam wird zwei Tage öffentlich aufgebahrt; Tausende seiner Verehrer erweisen ihm die letzte Ehre. Anschließend wird er nach Boston überführt, wo in der Kirche Unserer Lieben Frauen der Zedern ein Trauergottesdienst stattfindet.

Am 21. August trifft seine sterbliche Hülle im Hafen von Beirut ein; Gibrans Landsleute bereiten dem toten Dichter einen triumphalen Empfang. In einer langen Prozession wird er nach Becharré geleitet und in der alten Kapelle des Klosters Mar Sarkis begesetzt.

In der Nähe des Klosters errichten die Bürger von Becharré mit Unterstützung der libanesischen Regierung ein Gibran-Museum.

1932 «Der Wanderer» erscheint postum.

1933 Das unvollendete Werk «Der Garten des Propheten» wird von Barbara Young vollendet und für die Veröffentlichung vorbereitet.

1970 Vom 20. bis 30. Mai findet in Beirut das erste internationale Gibran-Festival statt.

Bibliographie

Werke in arabischer Sprache

al-Musiqa (1905); ‹Die Musik›
Ara'is al-Murug (1906); ‹Die Nymphen der Wiesen›
al-Arwah al Mutamarrida (1908); ‹Rebellische Geister›
al-Agniha al Mutakassira (1912); ‹Gebrochene Flügel›
Dam'atun wa-Ibtisama (1914); ‹Eine Träne und ein Lächeln›
al-Mawakib (1917); ‹Der Reigen›
al'Awasif (1920); ‹Die Stürme›
al-Bada'i' wa-t-Tara'if (1923); ‹Schöne und seltene Aussprüche›

postum herausgegeben von Michail Nuaimy

‹Dialog zwischen König und Schäfer› (1934)
‹Zwölf Gedichte› (o.J.; 1934/1949)

Werke in englischer Sprache

‹The Madman› (1918); ‹Der Narr›
‹The Forerunner› (1920); ‹Der Vorbote›
‹The Prophet› (1923); ‹Der Prophet›
‹Sand and Foam› (1926); ‹Sand und Schaum›
‹Jesus, the Son of Man› (1928); ‹Jesus Menschensohn›
‹The Earth Gods› (1931); ‹Die Götter der Erde›

postum herausgegeben von Barbara Young

‹The Garden of the Prophet› (1933); ‹Der Garten des Propheten›

Quellenhinweise und Verzeichnis der Übersetzer

Dieser Auswahl liegen folgende Publikationen zugrunde:

Khalil Gibran, ‹Mirrors of the Soul›
With a biographical study by Joseph Sheban

Die Übersetzung aus dem Englischen (sowohl der biographischen Notizen Joseph Shebans als auch der Texte Khalil Gibrans) besorgte Helmut T. Heinrich.

Michail Nuaimy, ‹Ein merkwürdiges kleines Buch›
aus: Bushrui. An Introduction.
Herausgegeben von Michail Nuaimy, Beirut 1970

Die Übersetzung aus dem Englischen besorgte Ursula Assaf-Nowak

Antoine Gattas Karam, ‹Der mystische Aspekt in den Werken Gibrans›
aus: Antoine Gattas Karam, La vie et l'œuvre littéraire de Gibran Halil Gibran, Beirut 1981

Die Übersetzung aus dem Französischen besorgte Ursula Assaf-Nowak

Der Verlag dankt dem Gibran-Nationalkomitee für die freundliche Genehmigung zum Abdruck der Texte und zur Reproduktion der Fotos und Grafiken. Besonderer Dank gilt Frau Dr. Ursula Assaf-Nowak, die das Zustandekommen dieses Bandes auf vielfältige Weise gefördert hat.

Frontispiz: Khalil Gibran und seine Schwester Miriana

Wohnräume in Gibrans Geburtshaus in Becharré
Folgende Doppelseite: Becharré

Das Studio in New York, «die Einsiedelei»:
Raum mit Gibrans Zeichnungen und Gemälden;
Gibrans Schlafzimmer mit dem Christusteppich; der Arbeitsplatz

51 West Tenth Street

صباح الاثنين ٣٠ ايار ١٩٢١

يا ميّ، يا ماري، يا صديقتي

استيقظت الساعة من حلم غريب. ولقد سمعتك تقولين
لي في الحلم كلمات حلوة ولكن بلهجة موجعة. والأمر الذي
يزعجني في هذا الحلم - ويزعجني جداً - هو انني رأيت في جبهتك
جرحاً صغيراً يقطر دماً.

ليس في حياتنا شيء ادعى الى التفكر والتأمل من الاحلام. وانا
من الذين يحلمون كثيراً. بيد انني انسى احلامي الّا اذا كانت ذات
علاقة بمن احبهم. ولا اذكر انني حلمت في ماضيّ حلماً اوضح
من هذا الحلم، لذلك اراني مشوشاً مضطرباً مشغول البال في
هذا الصباح. ماذا تعني رنّة التوجع في كلماتك الجميلة؟ وما
معنى الجرح في جبهتك؟ وأيّ بشري يستطيع ان يخبرني
بمعنى انقباضي وكآبتي؟

سوف احرق ذريرة مصلياً في قلبي. سوف اصلّي لاجلك
في سكينة قلبي. وسوف اصلي لاجلنا.

والله يباركك يا مي ويحرسك

جبران

Brief Khalil Gibrans an May Ziadeh (Übersetzung nebenstehend)

Vorhergehende Doppelseite:
Illustration Gibrans zu «Die Götter der Erde» (um 1930)
Illustration Gibrans zu «Jesus Menschensohn» (um 1928)

Montagmorgen, den 30. Mai 1921

O May, o Mary, o Freundin,

gerade bin ich aus einem seltsamen Traum erwacht. Ich hörte Dich zärtliche Worte an mich richten, doch der Klang Deiner Stimme war traurig. Was mich an diesem Traum besonders bedrückt – und es bedrückt mich sehr – ist, daß ich auf Deiner Stirn eine kleine Wunde sah, aus der Blut tropfte.

Es gibt im Leben nichts, was uns mehr zum Nachdenken anregt als Träume. Und ich gehöre zu denjenigen, die oft träumen. Aber ich vergesse die Träume, wenn sie nicht gerade diejenigen betreffen, die ich liebe. Ich erinnere mich nicht, in der Vergangenheit je einen deutlicheren Traum gehabt zu haben als diesen, und deshalb fühle ich mich besorgt, beunruhigt und bedrückt an diesem Morgen. Was soll der schmerzliche Klang in Deinen angenehmen Worten bedeuten, und welche Bedeutung hat die Stirnwunde? Wer kann mir den Sinn meiner Beunruhigung und Traurigkeit erklären?

Ich werde diesen Tag verbringen, indem ich in meinem Herzen bete. In der Stille meines Herzens bete ich für Dich und für uns. Gott segne und schütze Dich, May

Gibran